케이워터 기술(주)

실력평가 모의고사

케이워터기술(주)
실력평가 모의고사

초판 인쇄   2022년 6월 8일
초판 발행   2022년 6월 10일

편 저 자 ｜ 취업적성연구소
발 행 처 ｜ ㈜서원각
등록번호 ｜ 1999-1A-107호
주   소 ｜ 경기도 고양시 일산서구 덕산로 88-45(가좌동)
교재주문 ｜ 031-923-2051
팩   스 ｜ 031-923-3815
교재문의 ｜ 카카오톡 플러스 친구[서원각]
영상문의 ｜ 070-4233-2505
홈페이지 ｜ www.goseowon.com
책임편집 ｜ 정상민
디 자 인 ｜ 이규희

우리나라 기업들은 1960년대 이후 현재까지 비약적인 발전을 이루었다. 이렇게 급속한 성장을 이룰 수 있었던 배경에는 우리나라 국민들의 근면성 및 도전정신이 있었다. 그러나 빠르게 변화하는 세계 경제의 환경에 적응하기 위해서는 근면성과 도전정신 이외에 또 다른 성장 요인이 필요하다.

최근 많은 공사·공단은 직무 관련성에 대한 고려 없이 인·적성, 지식 중심으로 치러지던 기존의 필기전형에서 탈피하여, 직업기초능력과 직무수행능력을 측정하기 위한 직업기초능력평가, 직무수행능력평가 등을 도입하고 있다. 본서는 케이워터기술(주) 채용에 대비하기 위한 필독서로, 직업기초능력평가와 함께 직렬별 직무수행능력을 평가하기 위한 시험도 치르는 공단의 출제 스타일을 반영한 모의고사 형태로 구성하여 수험생들이 단기간에 최상의 학습 효율을 얻을 수 있도록 하였다.

- 5회분의 모의고사로 구성
- 실전대비와 빠른 이해를 위해 필요한 해설 내용만을 수록

합격을 향해 고군분투하는 당신에게 힘이 되는 교재가 되기를 바라며 달려가는 그 길을 서원각이 진심으로 응원합니다.

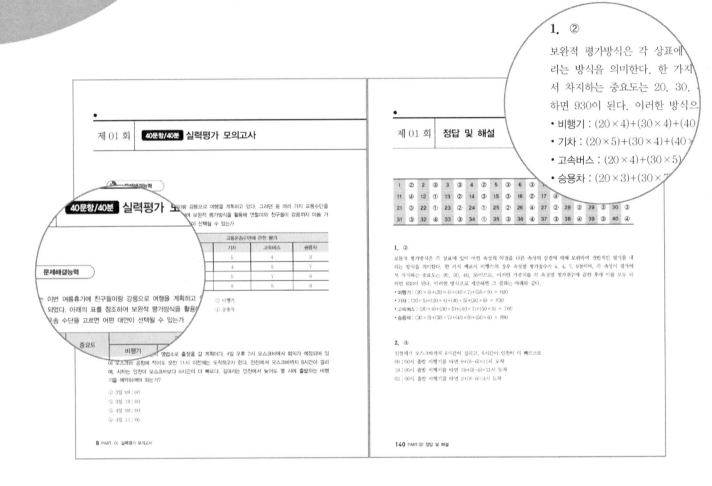

실력평가 모의고사

실제 시험과 동일한 유형의 모의고사를
5회분 수록하여 충분한 문제풀이를 통한
효과적인 학습이 가능하도록 하였습니다.

정답 및 해설

합격을 향해 고군분투하는 당신에게 힘
이 되는 교재가 되기를 바라며 달려가는
그 길을 서원각이 진심으로 응원합니다.

차례

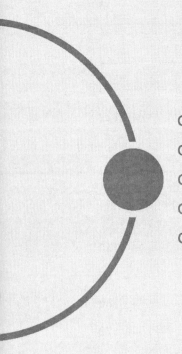

실력평가
모의고사

문제해결능력

1 연철이는 이번 여름휴가에 친구들이랑 강릉으로 여행을 계획하고 있다. 그러던 중 여러 가지 교통수단을 생각하게 되었다. 아래의 표를 참조하여 보완적 평가방식을 활용해 연철이와 친구들이 강릉까지 이동 가능한 교통운송 수단을 고르면 어떤 대안이 선택될 수 있는가

평가 기준	중요도	교통운송수단에 관한 평가			
		비행기	기차	고속버스	승용차
경제성	20	4	5	4	3
디자인	30	4	4	5	7
승차감	40	7	5	7	8
속도	50	9	8	5	6

① 기차
② 비행기
③ 고속버스
④ 승용차

2 김대리는 모스크바 현지 영업소로 출장을 갈 계획이다. 4일 오후 2시 모스크바에서 회의가 예정되어 있어 모스크바 공항에 적어도 오전 11시 이전에는 도착하고자 한다. 인천에서 모스크바까지 8시간이 걸리며, 시차는 인천이 모스크바보다 6시간이 더 빠르다. 김대리는 인천에서 늦어도 몇 시에 출발하는 비행기를 예약하여야 하는가?

① 3일 09 : 00
② 3일 19 : 00
③ 4일 09 : 00
④ 4일 11 : 00

3 한국전자는 영업팀 6명의 직원(A~F)과 관리팀 4명의 직원(갑~정)이 매일 각 팀당 1명씩 총 2명이 당직 근무를 선다. 2일 날 A와 갑 직원이 당직 근무를 서고 팀별 순서(A~F, 갑~정)대로 돌아가며 근무를 선다면, E와 병이 함께 근무를 서는 날은 언제인가? (단, 근무를 서지 않는 날은 없다고 가정한다)

① 10일
② 11일
③ 12일
④ 13일

4 T사에서는 새롭게 출시한 제품의 판매율 제고를 위한 프로모션 아이디어 회의를 진행 중이다. 브레인스토밍을 통하여 다양한 아이디어를 수집하려는 회의 운영 방식에 적절하지 않은 의견은 어느 것인가?

① "팀장인 나는 그냥 참관인 자격으로 지켜볼 테니 거침없는 의견들을 마음껏 제시해 보세요."
② "많은 의견이 나올수록 좋으며, 중요하다 싶은 의견은 그때그때 집중 논의하여 적용 여부를 결정하고 넘어가야 해요."
③ "엊그제 입사한 신입사원들도 적극적으로 의견을 개진해 주세요. 아직 회사 사정을 잘 몰라도 상관없어요."
④ "우선 책상 배열을 좀 바꿔보면 어떨까요? 서로를 쳐다볼 수 있도록 원형 배치가 좋을 것 같습니다."

5 다음에 제시된 정보를 종합할 때, 서류장 10개와 의자 10개의 가격은 테이블 몇 개의 가격과 같은가?

- 홍보팀에서는 테이블, 의자, 서류장을 다음과 같은 수량으로 구입하였다.
- 테이블 5개와 의자 10개의 가격은 의자 5개와 서류장 10개의 가격과 같다.
- 의자 5개와 서류장 15개의 가격은 의자 5개와 테이블 10개의 가격과 같다.

① 8개   ② 9개

③ 10개   ④ 11개

6 다음 주어진 관계에 따라 가돌이가 좋아할 가능성이 있는 사람으로만 묶인 것은?

 '랄라'라는 마을에는 한 사람이 다른 사람을 일방적으로 좋아하는 경우는 없다. 즉 A가 B를 좋아한다는 것은 B도 A를 좋아한다는 것을 뜻한다. 그리고 랄라 마을에 사는 사람들은 애매한 관계를 싫어하기 때문에 이들의 관계는 좋아하거나 좋아하지 않는 것 두 가지 뿐이다. 이 마을에는 가돌, 나돌, 다돌, 라돌, 마돌, 바돌만이 살고 있으며 이들의 관계는 다음과 같다.
 ㉠ 가돌이가 마돌이를 좋아하면 라돌이는 가돌이를 좋아하지 않는다.
 ㉡ 나돌이는 가돌이를 좋아하거나 가돌이는 다돌이를 좋아한다.
 ㉢ 바돌이가 가돌이를 좋아하면 라돌이는 다돌이를 좋아하거나 가돌이는 라돌이를 좋아한다.
 ㉣ 마돌이가 가돌이를 좋아하지 않으면 가돌이를 좋아하는 사람은 아무도 없다.
 ㉤ 다돌이는 가돌이를 좋아하지 않는 사람들은 좋아하지 않는다.
 ㉥ 가돌이와 나돌이가 서로 좋아하지 않고 가돌이가 다돌이를 좋아하지 않으면 가돌이는 아무도 좋아하지 않는다.

① 나돌, 라돌

② 나돌, 다돌, 라돌

③ 나돌, 다돌, 마돌

④ 다돌, 마돌, 바돌

7 다음 조건을 바탕으로 을순이의 사무실과 어제 갔던 식당이 위치한 곳을 올바르게 짝지은 것은?

> • 갑동, 을순, 병호는 각각 10동, 11동, 12동 중 한 곳에 사무실이 있으며 서로 같은 동에 사무실이 있지 않다.
> • 이들 세 명은 어제 각각 자신의 사무실이 있는 건물이 아닌 다른 동에 있는 식당에 갔었으며, 서로 같은 동의 식당에 가지 않았다.
> • 병호는 12동에서 근무하며, 갑동이와 을순이는 어제 11동 식당에 가지 않았다.
> • 을순이는 병호가 어제 갔던 식당이 있는 동에서 근무한다.

	사무실	식당
①	11동	10동
②	10동	11동
③	12동	12동
④	11동	12동

8 甲은 자신의 전시회 오픈 파티에 동창인 A, B, C, D, E, F 6명을 초대하였다. 6인의 친구들은 서로가 甲의 전시회에 초대 받은 사실을 알고 있으며 다음과 같은 원칙을 정하여 참석하기로 했다. 참석하게 될 최대 인원은 몇 명인가?

> • A가 파티에 참석하면 C와 F도 참석한다.
> • E는 D가 참석하는 경우에만 파티에 참석하고, C는 B가 참석하는 경우에만 파티에 참석할 예정이다.
> • A와 B는 서로 사이가 좋지 않아 B가 참석하면 A는 파티에 참석하지 않을 예정이다.
> • D나 F가 참석하면 A는 파티에 참석한다.

① 1명   ② 2명
③ 3명   ④ 4명

9 ⟨보기⟩는 문제를 지혜롭게 처리하기 위한 단계별 방법을 나열한 것이다. 올바른 문제처리 절차에 따라 ㈎~㈐의 순서를 재배열한 것은 어느 것인가?

⟨보기⟩

㈎ 당초 장애가 되었던 문제의 원인들을 해결안을 사용하여 제거한다.

㈏ 문제로부터 도출된 근본 원인을 효과적으로 해결할 수 있는 최적의 해결방안을 수립한다.

㈐ 파악된 핵심문제에 대한 분석을 통해 근본 원인을 도출해 본다.

㈑ 선정된 문제를 분석하여 해결해야 할 것이 무엇인지를 명확히 결정한다.

㈒ 해결해야 할 전체 문제를 파악하여 우선순위를 정하고, 선정문제에 대한 목표를 명확히 한다.

① ㈒ - ㈑ - ㈐ - ㈏ - ㈎

② ㈑ - ㈒ - ㈐ - ㈎ - ㈏

③ ㈑ - ㈐ - ㈏ - ㈎ - ㈒

④ ㈎ - ㈏ - ㈒ - ㈑ - ㈐

10 영업팀 직원인 갑, 을, 병 3명은 어젯밤 과음을 한 것으로 의심되고 있다. 이에 대한 이들의 진술이 다음과 같을 때, 과음을 한 것이 확실한 직원과 과음을 하지 않은 것이 확실한 직원을 순서대로 바르게 짝지은 것은? (단, 과음을 한 직원은 거짓말을 하고, 과음을 하지 않은 직원은 사실을 말하였다)

> 갑 : "우리 중 1명만 거짓말을 하고 있습니다."
> 을 : "우리 중 2명이 거짓말을 하고 있습니다."
> 병 : "갑, 을 중 1명만 거짓말을 하고 있습니다."

① 갑, 을

② 을, 아무도 없음

③ 갑, 아무도 없음

④ 갑과 을, 병

11 다음의 사례를 가장 잘 표현한 것을 고르면?

> 처음 보는 사람을 평가할 때 몇 초 안에 첫인상이 모든 것을 좌우한다고 할 수 있다. 첫인상이 좋으면 이후에 발견되는 단점은 작게 느껴지지만 첫인상이 좋지 않으면 그의 어떠한 장점도 눈에 들어오지 않는 경우가 많다. 면접관들이 면접자들을 평가 할 때 그들의 부분적인 특성인 외모나 용모, 인상 등만을 보고 회사 업무에 잘 적응할 만한 사람이라고 판단하는 경우 이러한 효과가 작용했다고 할 수 있다. 미국 유명 기업 CEO들의 평균 신장이 180cm를 넘는다는 것 역시 큰 키에서 우러나오는 것들이 다른 특징들을 압도했다고 볼 수 있을 것이다.
>
> 소비자들이 가격이 비싼 명품 상품이나 인기 브랜드의 상품을 판단할 때 대상의 품질이나 디자인에 있어 다른 브랜드의 상품들에 비해 우수할 것이라고 생각하는 경우도 역시 이러한 내용이 작용한 결과라고 볼 수 있다. '브랜드의 명성'이 라는 일부에 대한 특성이 품질, 디자인 등 대상의 전체적인 평가에까지 영향을 준 것이다.
>
> 축구선수 차두리는 아버지 차범근의 영향을 받아 국가대표 시절 큰 기대를 받았다. 차범근의 축구 실력을 아들도 이어받았을 것이라고 생각한 것이다. 배우 이완과 엄태웅 역시 각각 누나인 김태희와 엄정화의 효과를 받아 데뷔 시절부터 큰 주목을 받았다.

① 스스로가 지각할 수 있는 사실들을 집중적으로 조사해가면서, 알고 싶어하지 않는 것들을 무시해 버리는 경향이다.

② 고과자가 스스로가 가지고 있는 특성과 비교하여 피고과자를 고과하는 것이다.

③ 근무성적평정 등에 있어서 평정 결과의 분포가 우수한 쪽으로 집중되는 경향을 말하는 것이다.

④ 어떤 한 부분에 있어 어떠한 사람에 대해서 호의적인 태도 등이 다른 부분에 있어서도 그 사람에 대한 평가에 영향을 주는 것이다.

12 다음 내용을 바탕으로 글을 쓸 때 그 주제로 알맞은 것은?

> - 경찰청은 고속도로 갓길 운행을 막기 위해 갓길로 운행하다 적발되면 30일 간의 면허정지 처분을 내리기로 결정했다.
> - 교통사고 사망률 세계 1위라는 불명예는 수년간 계속되었다.
> - 교통사고의 원인으로는 운전자의 부주의와 교통 법규 위반의 비율이 가장 높다.
> - 교통 법규 위반자는 자신의 과실로 다른 사람에게 피해를 준다는 점에서 문제가 더욱 심각하다.
> - 우리나라는 과속 운전, 난폭 운전이 성행하고 있다. 이를 근절하기 위한 엄격한 법이 필요하다.

① 교통사고를 줄이기 위해서는 엄격한 법이 필요하다.
② 사고 방지를 위한 대국민적인 캠페인 운동을 해야 하다.
③ 교통사고의 사망률은 교통 문화 수준을 반영한 것이다.
④ 올바른 교통 문화 정착을 위해 국민적 자각이 요구된다.

조세는 국가의 재정을 마련하기 위해 경제 주체인 기업과 국민들로부터 거두어들이는 돈이다. 그런데 국가가 조세를 강제로 부과하다 보니 경제 주체의 의욕을 떨어뜨려 경제적 순손실을 초래하거나 조세를 부과하는 방식이 공평하지 못해 불만을 야기하는 문제가 나타난다. 따라서 조세를 부과할 때는 조세의 효율성과 공평성을 고려해야 한다.

우선 ㉠ 조세의 효율성에 대해서 알아보자. 상품에 소비세를 부과하면 상품의 가격 상승으로 소비자가 상품을 적게 구매하기 때문에 상품을 통해 얻는 소비자의 편익*이 줄어들게 되고, 생산자가 상품을 팔아서 얻는 이윤도 줄어들게 된다. 소비자와 생산자가 얻는 편익이 줄어드는 것을 경제적 순손실이라고 하는데 조세로 인하여 경제적 순손실이 생기면 경기가 둔화될 수 있다. 이처럼 조세를 부과하게 되면 경제적 순손실이 불가피하게 발생하게 되므로, 이를 최소화하도록 조세를 부과해야 조세의 효율성을 높일 수 있다.

㉡ 조세의 공평성은 조세 부과의 형평성을 실현하는 것으로, 조세의 공평성이 확보되면 조세 부과의 형평성이 높아져서 조세 저항을 줄일 수 있다. 공평성을 확보하기 위한 기준으로는 편익 원칙과 능력 원칙이 있다. 편익 원칙은 조세를 통해 제공되는 도로나 가로등과 같은 공공재*를 소비함으로써 얻는 편익이 클수록 더 많은 세금을 부담해야 한다는 원칙이다. 이는 공공재를 사용하는 만큼 세금을 내는 것이므로 납세자의 저항이 크지 않지만, 현실적으로 공공재의 사용량을 측정하기가 쉽지 않다는 문제가 있고 조세 부담자와 편익 수혜자가 달라지는 문제도 발생할 수 있다.

능력 원칙은 개인의 소득이나 재산 등을 고려한 세금 부담 능력에 따라 세금을 내야 한다는 원칙으로 조세를 통해 소득을 재분배하는 효과가 있다. 능력 원칙은 수직적 공평과 수평적 공평으로 나뉜다. 수직적 공평은 소득이 높거나 재산이 많을수록 세금을 많이 부담해야 한다는 원칙이다. 이를 실현하기 위해 특정 세금을 내야 하는 모든 납세자에게 같은 세율을 적용하는 비례세나 소득 수준이 올라감에 따라 점점 높은 세율을 적용하는 누진세를 시행하기도 한다.

수평적 공평은 소득이나 재산이 같을 경우 세금도 같게 부담해야 한다는 원칙이다. 그런데 수치상의 소득이나 재산이 동일하더라도 실질적인 조세 부담 능력이 달라, 내야 하는 세금에 차이가 생길 수 있다. 예를 들어 소득이 동일하더라도 부양가족의 수가 다르면 실질적인 조세 부담 능력에 차이가 생긴다. 이와 같은 문제를 해결하여 공평성을 높이기 위해 정부에서는 공제 제도를 통해 조세 부담 능력이 적은 사람의 세금을 감면해 주기도 한다.

* 편익 : 편리하고 유익함
* 공공재 : 모든 사람들이 공동으로 이용할 수 있는 재화나 서비스

13 다음 중 윗글에 대한 설명으로 가장 적절한 것은?

① 상반된 두 입장을 비교, 분석한 후 이를 절충하고 있다.

② 대상을 기준에 따라 구분한 뒤 그 특성을 설명하고 있다.

③ 대상의 개념을 그와 유사한 대상에 빗대어 소개하고 있다.

④ 통념을 반박하며 대상이 가진 속성을 새롭게 조명하고 있다.

14 다음 중 ㉠과 ㉡에 대한 설명으로 적절하지 않은 것은?

① ㉠은 조세가 경기에 미치는 영향과 관련되어 있다.

② ㉡은 납세자의 조세 저항을 완화하는 데 도움이 된다.

③ ㉠은 ㉡과 달리 소득 재분배를 목적으로 한다.

④ ㉡은 ㉠과 달리 조세 부과의 형평성을 실현하는 것이다.

15 다음 예시자료를 활용하여 글을 쓰기 위해 구상한 내용으로 적절하지 않은 것은?

──────── 〈보기〉 ────────

우리나라 중학교 여학생의 0.9%, 고등학교 여학생의 7.3%, 남학생의 경우는 중학생의 3.5%, 고등학생의 23.6%가 흡연을 하고 있다. 그리고 매년 청소년 흡연율은 증가하는 추세이다. 청소년보호법에 따르면 미성년자에게 담배를 팔 경우 2년 이하의 징역이나 1천만 원 이하의 벌금, 100만 원 이하의 과징금을 내도록 되어 있다. 그러나 담배 판매상의 잘못된 의식, 시민들의 고발정신 부족 등으로 인해 청소년에게 담배를 판매하는 행위가 제대로 시정되지 않고 있다. 또한 현재 담배 자동판매기의 대부분(96%)이 국민건강증진법에 허용된 장소에 설치되어 있다고는 하나, 그 장소가 주로 공공건물 내의 식당이나 상가 내 매점 등에 몰려 있다. 이런 장소들은 청소년들의 출입이 용이하기 때문에 그들이 성인의 주민등록증을 도용하여 담배를 사더라도 이를 단속하기가 어려운 실정이다.

① 시사점 : 시민의 관심이 소홀하며 시설 관리 체계가 허술하다.

② 원인 분석 : 법규의 실효성이 미흡하고 상업주의가 만연하고 있다.

③ 대책 : 국민건강증진법에 맞는 담배 자동판매기를 설치한다.

④ 결론 : 현실적으로 실효성이 있는 금연 관련법으로 개정한다.

16 다음 글에서 언급된 밑줄 친 '합리적 기대이론'에 대한 설명으로 적절하지 않은 것은 무엇인가?

> 과거에 중앙은행들은 자신이 가진 정보와 향후의 정책방향을 외부에 알리지 않는 이른바 비밀주의를 오랜 기간 지켜왔다. 통화정책 커뮤니케이션이 활발하지 않았던 이유는 여러 가지가 있었지만 무엇보다도 통화정책 결정의 영향이 파급되는 경로가 비교적 단순하고 분명하여 커뮤니케이션의 필요성이 크지 않았기 때문이었다. 게다가 중앙은행에게는 권한의 행사와 그로 인해 나타난 결과에 대해 국민에게 설명할 어떠한 의무도 부과되지 않았다.
>
> 중앙은행의 소극적인 의사소통을 옹호하는 주장 가운데는 비밀주의가 오히려 금융시장의 발전을 가져올 수 있다는 견해가 있었다. 중앙은행이 모호한 표현을 이용하여 자신의 정책의도를 이해하기 어렵게 설명하면 금리의 변화 방향에 대한 불확실성이 커지고 그 결과 미래 금리에 대한 시장의 기대가 다양하게 형성된다. 이처럼 미래의 적정금리에 대한 기대의 폭이 넓어지면 금융거래가 더욱 역동적으로 이루어짐으로써 시장의 규모가 커지는 등 금융시장이 발전하게 된다는 것이다. 또한 통화정책의 효과를 극대화하기 위해 커뮤니케이션을 자제해야 한다는 생각이 통화정책 비밀주의를 오래도록 유지하게 한 요인이었다. <u>합리적 기대이론</u>에 따르면 사전에 예견된 통화정책은 경제주체의 기대 변화를 통해 가격조정이 정책의 변화 이전에 이루어지기 때문에 실질생산량, 고용 등의 변수에 변화를 가져올 수 없다. 따라서 단기간 동안이라도 실질변수에 변화를 가져오기 위해서는 통화정책이 예상치 못한 상황에서 수행되어야 한다는 것이다.
>
> 이 외에 통화정책결정에 있어 중앙은행의 독립성이 확립되지 않은 경우 비밀주의를 유지하는 것이 외부의 압력으로부터 중앙은행을 지키는 데 유리하다는 견해가 있다. 중앙은행의 통화정책이 공개되면 이해관계가 서로 다른 집단이나 정부 등이 정책결정에 간섭할 가능성이 커지고 이들의 간섭이 중앙은행의 독립적인 정책수행을 어렵게 할 수 있다는 것이다.

① 사람들은 현상을 충분히 합리적으로 판단할 수 있으므로 어떠한 정책 변화도 미리 합리적으로 예상하여 행동한다.

② 경제주체들이 자신의 기대형성 방식이 잘못되었다는 것을 알면서도 그런 방식으로 계속 기대를 형성한다고 가정하는 것이다.

③ 예상하지 못한 정책 충격만이 단기적으로 실질변수에 영향을 미친다.

④ 1년 후의 물가가 10% 오를 것으로 예상될 때 10% 이하의 금리로 돈을 빌려 주면 손실을 보게 되기 때문에, 대출 금리를 10% 이상으로 인상시켜 놓게 된다.

17 다음 글의 내용을 통해 알 수 있는 '풋 귤'의 특징으로 적절한 것은 어느 것인가?

풋 귤이란 덜 익어서 껍질이 초록색인 감귤을 가리킨다. 감귤의 적정 생산량을 조절하기 위해 수확 시기보다 이르게 감귤나무에서 미숙한 상태로 솎아내는 과일이다. 얼마 전까지만 해도 풋 귤은 '청귤'로 많이 불렸다. 색깔이 노란색이 아닌 초록색이어서 붙여진 이름이다. 그런데 사실 이는 잘못된 일이다. 청귤은 엄연한 감귤의 한 품종으로서 제주의 고유 품종 중 하나다. 다른 감귤과 달리 꽃이 핀 이듬해 인 2월까지 껍질이 푸르며, 3~4월이 지나서야 황색으로 변하게 된다. 여러 감귤 품종 중에서도 특히 추위와 질병에 강한 생태적 특성을 지닌 것으로 알려져 있다.

재래종인 만큼 한 때는 제주도에서 생산되는 감귤 중 상당량이 청귤이었지만, 개량된 감귤의 위세에 밀려 현재는 생산량이 많이 줄어든 상황이다. 따라서 감귤의 미숙과를 청귤이라고 부르는 것은 잘못된 호칭이며, 풋 귤이라 부르는 것이 보다 정확한 표현이다.

사실 풋 귤이 시장의 주목을 받기 시작한 것은 얼마 되지 않는다. 일정 품질과 당도를 유지하는 감 귤을 만들기 위해 열매 일부분을 익기도 전에 따서 버렸기에 제대로 된 이름조차 갖지 못했다. 그러던 풋 귤이 특색 있는 식재료로 인정받아 유통 품목의 하나로 자리를 잡기 시작한 것은 지난 2015년부터 의 일이다. 영양학적 가치를 인정받았기 때문이다.

최근 들어서는 기존의 감귤 시장을 위협할 정도로 수요가 꾸준히 늘고 있다. 특히 수입과일인 레몬 이나 라임 등을 대체할 수 있는 먹거리로 풋 귤이 떠오르면서 국내는 물론 해외에서도 관심의 대상이 되고 있다.

감귤연구소 연구진은 사람의 각질세포에 풋 귤에서 추출한 물질을 1% 정도만 처리해도 '히알루론산 (hyaluronic acid)'이 40%나 증가한다는 사실을 확인했다. 히알루론산은 동물의 피부에 많이 존재하는 생체 합성 천연 물질이다. 수산화기(−OH)가 많은 친수성 물질이며 사람이나 동물 등의 피부에서 보습 작용 역할을 하는 것으로 알려져 있다. 이에 대해 감귤연구소 관계자는 "각질층에 수분이 충분해야 피 부가 건강하고 탄력이 생긴다."라고 설명하며 "피부의 주름과 탄성에 영향을 주는 히알루론산이 많이 생성된 것을 볼 때 풋 귤의 보습효과는 탁월하다"라고 밝혔다.

풋 귤은 보습 효과 외에 염증 생성을 억제하는 효과도 뛰어난 것으로 드러났다. 연구진은 동물의 백혈구를 이용한 풋 귤 추출물의 염증 억제 실험을 진행했다. 그 결과 풋귤 추출물을 200ug/mL 처리했더니 일산화질소 생성이 40%p 정도 줄었고, 염증성 사이토 카인의 생성도 대폭 억제되는 것으로 밝혀졌다. 일산화질소(NO)와 염증성 사이토카인(cytokine)은 염증 반응의 대표 지표 물질이다. 이에 대해 감귤연구소 관계자는 "풋 귤은 익 은 감귤에 비해 총 폴리페놀(polyphenol)과 총 플라보노이드(flavonoid) 함량이 2배 이상 높은 것으로 나타났다 "라고 강조했다.

① 풋 귤은 다른 감귤보다 더 늦게 황색으로 변하며 더 오랜 시간 황색을 유지한다.
② 풋 귤은 일반 감귤이 덜 익은 상태로 수확된 것을 의미하는 것이 아니다.
③ 풋 귤이 감귤보다 더 맛이 있다.
④ 풋 귤에 함유되어 있는 폴리페놀과 플라보노이드는 염증 생성을 억제하는 기능을 한다.

18 아래의 글을 읽고 컨스터블의 풍경화에 대한 내용으로 적절한 것을 고르면?

수확을 앞둔 밀밭 사이로 양 떼를 몰고 가는 양치기 소년과 개, 이른 아침 농가의 이층 창밖으로 펼쳐진 청록의 들녘 등, 이런 평범한 시골 풍경을 그린 컨스터블(1776~1837)은 오늘날 영국인들에게 사랑을 받는 영국의 국민 화가이다. 현대인들은 그의 풍경화를 통해 영국의 전형적인 농촌 풍경을 떠올리지만, 사실 컨스터블이 활동하던 19세기 초반까지 이와 같은 소재는 풍경화의 묘사 대상이 아니었다. 그렇다면 평범한 농촌의 일상 정경을 그린 컨스터블은 왜 영국의 국민 화가가 되었을까?

컨스터블의 그림은 당시 풍경화의 주요 구매자였던 영국 귀족의 취향에서 어긋나 그다지 인기를 끌지 못했다. 당시 유행하던 픽처레스크 풍경화는 도식적이고 이상화된 풍경 묘사에 치중했지만, 컨스터블의 그림은 평범한 시골의 전원 풍경을 사실적으로 묘사한 것처럼 보인다. 이 때문에 그의 풍경화는 자연에 대한 과학적이고 객관적인 관찰을 바탕으로, 아무도 눈여겨보지 않았던 평범한 농촌의 아름다운 풍경을 포착하여 표현해 낸 결과물로 여겨져 왔다. 객관적 관찰과 사실적 묘사를 중시하는 관점에서 보면 컨스터블은 당대 유행하던 화풍과 타협하지 않고 독창적인 화풍을 추구한 화가이다.

그러나 1980년대에 들어서면서 이와 같은 관점에 대해 의문을 제기하는 비판적 해석이 등장한다. 새로운 해석은 작품이 제작 될 당시의 구체적인 사회적 상황을 중시하며 작품에서 지배 계급의 왜곡된 이데올로기를 읽어내는 데 중점을 둔다. 이 해석에 따르면 컨스터블의 풍경화는 당시 농촌의 모습을 있는 그대로 전달 해 주지 않는다. 사실 컨스터블이 활동하던 19세기 전반 영국은 산업혁명과 더불어 도시화가 급속히 진행되어 전통적 농촌 사회가 와해되면서 농민 봉기가 급증하였다. 그런데 그의 풍경화에 등장하는 인물들은 거의 예외 없이 원경으로 포착되어 얼굴이나 표정을 알아보기 어렵다. 시골에서 나고 자라 복잡한 농기구까지 세밀하게 그릴 줄 알았던 컨스터블이 있는 그대로의 자연을 포착 하려 했다면 왜 농민들의 모습은 구체적으로 표현하지 않았을까? 이는 풍경의 관찰자인 컨스터블과 풍경 속 인물들 간에는 항상 일정한 심리적 거리가 유지되고 있기 때문이다. 수정주의 미술 사학자들은 컨스터블의 풍경화에 나타나는 인물과 풍경의 불편한 동거는 바로 이러한 거리 두기에서 비롯한다고 주장하면서, 이 거리는 계급 간의 거리라고 해석한다. 지주의 아들이었던 그는 19세기 전반 영국 농촌 사회의 불안한 모습을 애써 외면했고, 그 결과 농민들은 적당히 화면에서 떨어져 있도록 배치하여 결코 그들의 일그러지고 힘든 얼굴을 볼 수 없게 하였다는 것이다.

여기서 우리는 위의 두 견해가 암암리에 공유하는 기본 전제에 주목할 필요가 있다. 두 견해는 모두 작품이 가진 의미의 생산자를 작가로 보고 있다. 유행을 거부하고 남들이 보지 못한 평범한 농촌의 아름다움을 발견한 '천재' 컨스터블이나 지주 계급 출신으로 불안한 농촌 현실을 직시하지 않으려 한 '반동적' 컨스터블은 결국 동일한 인물로서 작품의 제작자이자 의미의 궁극적 생산자로 간주된다. 그러나 생산자가 있으면 소비자가 있게 마련이다. 기존의 견해는 소비자의 역할에 주목하지 않았다. 하지만 소비자는 생산자가 만들어낸 작품을 수동적으로 수용하는 존재가 아니다. 미술 작품을 포함한 문화적 텍스트의 의미는 그 텍스트를 만들어 낸 생산자나 텍스트 자체에 내재하는 것이 아니라 텍스트를 수용하는 소비자와의 상호 작용에 의해 결정된다. 다시 말해 수용자는 이해와 수용의 과정을 통해 특정 작품의 의미를 끊임없이 재생산하는 능동적 존재인 것이다. 따라서 앞에서 언급 한 해석들은 컨스터블 풍경화가 함축한 의미의 일부만

드러낸 것이고 나머지 의미는 그것을 바라보는 감상자의 경험과 기대가 투사되어 채워지는 것이라고 할 수 있다.

즉 컨스터블의 풍경화가 지니는 가치는 풍경화 그 자체가 아니라 감상자의 의미 부여에 의해 완성되는 것이다. 이런 관점에서 보면 컨스터블의 풍경화에 담긴 풍경이 실재와 얼마나 일치하는가는 크게 문제가 되지 않는다.

① 목가적인 전원을 그려 당대에 그에게 큰 명성을 안겨 주었다.

② 사실적 화풍으로 제작되어 당시 영국 귀족들에게 선호되지 못했다.

③ 서정적인 농촌 정경을 담고 있는 전형적인 픽처레스크 풍경화이다.

④ 세부 묘사가 결여되어 있어 그가 인물 표현에는 재능이 없었음을 보여준다.

사진이 등장하면서 회화는 대상을 사실적으로 재현(再現)하는 역할을 사진에 넘겨주게 되었고, 그에 따라 화가들은 회화의 의미에 대해 고민하게 되었다. 19세기 말 등장한 인상주의와 후기 인상주의는 전통적인 회화에서 중시되었던 사실주의적 회화 기법을 거부하고 회화의 새로운 경향을 추구하였다.

인상주의 화가들은 색이 빛에 의해 시시각각 변화하기 때문에 대상의 고유한 색은 존재하지 않는다고 생각하였다. 인상주의 화가 모네는 대상을 사실적으로 재현하는 회화적 전통에서 벗어나기 위해 빛에 따라 달라지는 사물의 색채와 그에 따른 순간적 인상을 표현하고자 하였다.

모네는 대상의 세부적인 모습보다는 전체적인 느낌과 분위기, 빛의 효과에 주목했다. 그 결과 빛에 의한 대상의 순간적 인상을 포착하여 대상을 빠른 속도로 그려 내었다. 그에 따라 그림에 거친 붓 자국과 물감을 덩어리로 찍어 바른 듯한 흔적이 남아 있는 경우가 많았다. 이로 인해 대상의 윤곽이 뚜렷하지 않아 색채 효과가 형태 묘사를 압도하는 듯한 느낌을 준다.

이와 같은 기법은 그가 사실적 묘사에 더 이상 치중하지 않았음을 보여 주는 것이었다. 그러나 모네 역시 대상을 '눈에 보이는 대로' 표현하려 했다는 점에서 이전 회화에서 추구했던 사실적 표현에서 완전히 벗어나지는 못했다는 평가를 받았다.

후기 인상주의 화가들은 재현 위주의 사실적 회화에서 근본적으로 벗어나는 새로운 방식을 추구하였다. 후기 인상주의 화가 세잔은 "회화에는 눈과 두뇌가 필요하다. 이 둘은 서로 도와야 하는데, 모네가 가진 것은 눈뿐이다."라고 말하면서 사물의 눈에 보이지 않는 형태까지 찾아 표현하고자 하였다. 이러한 시도는 회화란 지각되는 세계를 재현하는 것이 아니라 대상의 본질을 구현해야 한다는 생각에서 비롯되었다.

세잔은 하나의 눈이 아니라 두 개의 눈으로 보는 세계가 진실이라고 믿었고, 두 눈으로 보는 세계를 평면에 그리려고 했다. 그는 대상을 전통적 원근법에 억지로 맞추지 않고 이중 시점을 적용하여 대상을 다른 각도에서 바라보려 하였고, 이를 한 폭의 그림 안에 표현하였다. 또한 질서 있는 화면 구성을 위해 대상의 선택과 배치가 자유로운 정물화를 선호하였다.

세잔은 사물의 본질을 표현하기 위해서는 '보이는 것'을 그리는 것이 아니라 '아는 것'을 그려야 한다고 주장하였다. 그 결과 자연을 관찰하고 분석하여 사물은 본질적으로 구, 원통, 원뿔의 단순한 형태로 이루어졌다는 결론에 도달하였다. 이를 회화에서 구현하기 위해 그는 이중 시점에서 더 나아가 형태를 단순화하여 대상의 본질을 표현하려 하였고, 윤곽선을 강조하여 대상의 존재감을 부각하려 하였다. 회화의 정체성에 대한 고민에서 비롯된 ㉠ <u>그의 이러한 화풍은 입체파 화가들에게 직접적인 영향을 미치게 되었다.</u>

19 윗글의 내용과 일치하지 않는 것은?

① 사진은 화가들이 회화의 의미를 고민하는 계기가 되었다.

② 전통 회화는 대상을 사실적으로 묘사하는 것을 중시했다.

③ 모네의 작품은 색채 효과가 형태 묘사를 압도하는 듯한 느낌을 주었다.

④ 모네는 대상의 고유한 색 표현을 위해서 전통적인 원근법을 거부하였다.

20 〈보기〉를 바탕으로 할 때, 세잔의 화풍을 ㉠과 같이 평가한 이유로 가장 적절한 것은?

--- 〈보기〉 ---

입체파 화가들은 사물의 본질을 표현하고자 대상을 입체적 공간으로 나누어 단순화한 후, 여러 각도에서 바라보는 관점으로 사물을 해체하였다가 화폭 위에 재구성하는 방식을 취하였다. 이러한 기법을 통해 관찰자의 위치와 각도에 따라 각기 다르게 보이는 대상의 다양한 모습을 한 화폭에 담아내려 하였다.

① 대상의 본질을 드러내기 위해 다양한 각도에서 바라보아야 한다는 관점을 제공하였기 때문에

② 대상을 복잡한 형태로 추상화하여 대상의 전체적인 느낌을 부각하는 방법을 시도하였기 때문에

③ 사물을 최대한 정확하게 묘사하기 위해 전통적 원근법을 독창적인 방법으로 변용시켰기 때문에

④ 시시각각 달라지는 자연을 관찰하고 분석하여 대상의 인상을 그려 내는 화풍을 정립하였기 때문에

21 강을 따라 60km 떨어진 A지점과 B지점을 배로 왕복했더니 하류에서 상류로 올라갈 때는 10시간, 상류에서 하류로 내려갈 때는 6시간 걸렸다. 이 강의 유속은 얼마인가?

① 1.0km/h
② 1.5km/h
③ 2.0km/h
④ 2.5km/h

22 다음 중 사과, 배, 수박, 포도, 귤 5가지의 과일에서 과일 3가지를 선택하는 경우의 수는 몇 개인가?

① 10
② 12
③ 16
④ 20

23 연못의 둘레가 2.2km인데, 연못 둘레를 분속 76m인 미진이와 분속 64m인 민수가 동시에 같은 지점에서 반대 방향으로 나아갔다. 10분 후 두 사람이 떨어져 있는 거리는 얼마인가?

① 760m
② 800m
③ 850m
④ 880m

24 다음 중 등속도 운동을 하는 엘리베이터가 1층에서 4층까지 가는 데 걸리는 시간이 24초일 때, 9층까지 가는데 걸리는 시간은 얼마인가?

① 64초   ② 72초
③ 80초   ④ 88초

25 A 쇼핑몰은 1개에 300원짜리 과자와 1개에 100원짜리 사탕을 넣어 종합선물세트를 만들어 4,000원에 판매하고 있다. 이 선물세트 안에 들어있는 제품의 총 개수는 20개이고, 400원의 이윤을 남기고 있다면, 선물세트 안에 들어있는 과자의 개수는 몇 개인가?

① 7개   ② 8개
③ 9개   ④ 10개

26 야구장의 매표소에서는 1분에 20명이 표를 끊고, 15명이 새로 줄을 선다. 현재 100명이 표를 구입하기 위해 대기하고 있다면, 대기자가 0명이 되는 데 걸리는 시간은 얼마인가?

① 10분   ② 12분
③ 15분   ④ 20분

27 다음은 학생이 30명인 한 반에서 치른 국어시험 결과이다. 30명의 전체 평균은 70점이고, 여학생의 평균점수는 80점, 남학생의 평균점수는 65점이다. 여학생 수는 몇 명인가?

① 9명
② 10명
③ 11명
④ 12명

28 준현이는 노트 1박스를 구매하여 같은 반에 있는 친구 15명에게 나누어 주려고 한다. 15명에게 3권씩 노트를 나누어 주면 4권이 남는다. 12명에게 5권씩 노트를 나누면 몇 개가 부족한가?

① 9권
② 10권
③ 11권
④ 12권

29 어느 학급의 남학생과 여학생의 비율이 5:5였다. 몇 명의 남학생이 전학을 와 남녀 비율이 6:5가 되었고, 총 학생은 55명이 되었다. 이 때 전학 온 남학생은 몇 명인가?

① 1명
② 3명
③ 5명
④ 7명

30 A 야구단의 어른 입장료와 어린이 입장료의 비율은 7:3이었는데, 입장료를 각각 5,000원씩 인상하게 되자 그 비율이 2 : 1이 되었다. 이 때 인상 후의 어린이 입장료는 얼마인지 구하면?

① 10,000원

② 15,000원

③ 20,000원

④ 25,000원

 자원관리능력

31 업무상 지출하는 비용은 회계 상 크게 직접비와 간접비로 구분할 수 있으며, 이러한 지출 비용을 개인의 가계에 대입하여 구분할 수도 있다. M씨의 개인 지출 내역이 다음과 같을 경우, M씨의 전체 지출 중 간접비가 차지하는 비중은 얼마인가?

(단위 : 만 원)

보험료	공과금	외식비	전세 보증금	자동차 보험료	의류 구매	병원 치료비
20	55	60	10,000	11	40	15

① 약 13.5%

② 약 8.8%

③ 약 0.99%

④ 약 4.3%

32 다음은 중·저준위방사성폐기물 처분시설 유치 관련 주민투표 결과를 나타내는 예시표이다. 중·저준위 방사성폐기물 처분시설 부지선정은 19년간 표류하였던 최장기 국책사업이 최초로 주민투표를 통해 결정됨으로써 풀뿌리 민주주의 실현을 통한 효과적인 폐자원 처리능력과 함께 사회적 갈등에 대한 민주적 해결사례의 새로운 모델을 제시한 바 있다. 다음 〈보기〉의 설명을 토대로 할 때, 빈 칸 ㉠~㉣에 들어갈 알맞은 지역 명을 순서대로 나열한 것은 어느 것인가?

(단위: 명)

구분	㉠	㉡	㉢	㉣
총 선거인수	208,607	196,980	37,536	374,697
투표인수	147,625	138,192	30,107	178,586
부재자 투표	70,521	65,336	9,523	63,851
기표소 투표	77,115	72,856	20,584	114,735
투표율(%)	70.8	70.2	80.2	47.7
찬성률(%)	89.5	84.4	79.3	67.5

〈보기〉

1. 영덕군과 포항시의 총 선거인수의 합은 네 개 지역 전체 선거인 수의 절반이 넘는다.
2. 영덕군과 군산시의 기표소 투표자의 합은 10만 명을 넘지 않는다.
3. 경주시와 군산시의 찬성율 차이는 군산시와 영덕군의 찬성율 차이와 정확히 같다.

① 포항시 - 군산시 - 영덕군 - 경주시
② 경주시 - 영덕군 - 군산시 - 포항시
③ 군산시 - 경주시 - 영덕군 - 포항시
④ 경주시 - 군산시 - 영덕군 - 포항시

33 다음은 특정 시점의 국가별 에너지 순위를 나타낸 예시자료이다. 다음 자료를 보고 해석한 〈보기〉와 같은 의견 중 자료의 내용에 비추어 합리적이라고 볼 수 없는 것을 모두 고른 것은 무엇인가?

구분	1위	2위	3위	4위	5위	6위	7위	8위	9위	10위
에너지소비 (백만toe)	중국 3,052	미국 2,216	인도 823	러시아 711	일본 442	독일 306	브라질 303	캐나다 280	한국 268	프랑스 243
석유소비 (백만tco2)	미국 838	중국 527	일본 197	인도 181	사우디 160	러시아 151	브라질 143	독일 110	한국 108	캐나다 103
전력소비 (TWh)	중국 5,357	미국 4,137	인도 1,042	일본 995	러시아 949	독일 569	캐나다 552	한국 533	브라질 531	프랑스 460

〈보기〉

가. 인구가 많은 나라는 에너지와 전력의 소비가 대체적으로 많다고 볼 수 있다.

나. 1~5위권 국가 중, 에너지 소비량 대비 석유 소비량이 가장 많은 나라는 사우디를 제외하면 미국이다.

다. 1~5위권 국가 중, 석유와 전력의 소비량 비율 차이가 가장 큰 나라는 인도이다.

① 가, 나   ② 가, 다

③ 나, 다   ④ 다

34 다음은 오 과장과 권 대리가 다니고 있는 직장의 수당지급에 대한 자료이다. 다음에 근거할 때, 오 과장과 권 대리가 받게 될 수당의 합계 금액은 얼마인가?

〈수당지급규정〉

수당의 종류	지급액 계산방법
시간외 근무수당	통상임금 × 1.5 ÷ 200 × 근무시간
야간 근무수당	통상임금 × 0.5 ÷ 200 × 근무시간
휴일 근무수당	통상임금 × 0.5 ÷ 200 × 근무시간

* 2개 이상의 근무가 겹치는 경우, 시간외 근무로 판단함.

〈추가 근무 시간 내역〉

	시간외 근무	야간 근무	휴일 근무
오 과장	18시간	4시간	8시간
권 대리	22시간	5시간	12시간

* 오 과장과 권 대리의 통상임금은 각각 320만 원과 280만 원임.

① 110.9만 원
② 108.3만 원
③ 102.8만 원
④ 98.5만 원

35 다음에 제시된 인사제도 중, 인력 배치의 원칙인 '적재적소 주의', '능력주의', '균형주의'가 나타나 있는 항목을 순서대로 적절히 연결한 것은 보기 중 어느 것인가?

채용	- 학력 및 연령제한 철폐 ·· (가)
	- 공개경쟁 원칙
보직	- 순환보직을 원칙으로 탄력적인 인력 배치 ················ (나)
	- 사내공모를 통한 해외근무자 선발 ······················· (다)
	- 인사상담등록시스템에 의한 투명한 인사
승진	- 능력과 성과에 따른 승진관리
	- 승진 심사 및 시험에 의한 승진자 결정
평가	- 역량평가 및 업적평가 ······································ (라)
	- 상사·부하·동료·본인에 의한 다면평가시스템 운영 ··· (마)

① (가), (나), (라)
② (라), (나), (다)
③ (나), (가), (라)
④ (마), (라), (나)

36 자원을 관리하는 기본 과정을 설명한 다음의 단락 (가)~(라)를 효율적인 자원관리를 위한 순서에 맞게 나열한 것은 어느 것인가?

(가) 확보된 자원을 활용하여 계획에 맞는 업무를 수행해 나가야 한다. 물론 계획에 얽매일 필요는 없지만 최대한 계획대로 수행하는 것이 바람직하다. 불가피하게 수정해야 하는 경우는 전체 계획에 미칠 수 있는 영향을 고려하여야 할 것이다.

(나) 자원을 실제 필요한 업무에 할당하여 계획을 세워야 한다. 여기에서 중요한 것은 업무나 활동의 우선순위를 고려하는 것이다. 최종적인 목적을 이루는데 가장 핵심이 되는 것에 우선순위를 두고 계획을 세울 필요가 있다. 만약, 확보한 자원이 실제 활동 추진에 비해 부족할 경우 우선순위가 높은 것에 중심을 두고 계획하는 것이 바람직하다.

(다) 실제 상황에서 그 자원을 확보하여야 한다. 수집 시 가능하다면 필요한 양보다 좀 더 여유 있게 확보할 필요가 있다. 실제 준비나 활동을 하는데 있어서 계획과 차이를 보이는 경우가 빈번하기 때문에 여유 있게 확보하는 것이 안전할 것이다.

(라) 업무를 추진하는데 있어서 어떤 자원이 필요하며, 또 얼마만큼 필요한지를 파악하는 단계이다. 자원의 종류에는 크게 시간, 예산, 물적자원, 인적자원으로 나누어지지만 실제 업무 수행에서는 이보다 더 구체적으로 나눌 필요가 있다. 구체적으로 어떤 활동을 할것이며, 이 활동에 어느 정도의 시간, 돈, 물적·인적자원이 필요한지를 파악한다.

① (다) - (라) - (나) - (가)

② (라) - (다) - (가) - (나)

③ (가) - (다) - (나) - (라)

④ (라) - (다) - (나) - (가)

37 아래의 도표가 〈보기〉와 같은 내용의 근거 자료로 제시되었을 경우, 밑줄 친 ㉠~㉣ 중 도표의 내용에 비추어 올바르지 않은 설명은 어느 것인가?

〈미국 멕시코 만에서 각 경로별 수송 거리〉

(단위 : 해리)

		파나마 운하	수에즈 운하	희망봉	케이프 혼
아시아	일본(도쿄만)	9,141	14,441	15,646	16,687
	한국(통영)	9,954	–	15,375	–
	중국(광동)	10,645	13,020	14,297	17,109
	싱가포르	11,955	11,569	12,972	16,878
	인도	14,529	9,633	12,079	–
남미	칠레	4,098	–	–	8,965

〈보기〉

㉠ 미국 멕시코만–파나마 운하–아시아로 LNG를 운송할 경우, 수송거리 단축에 따라 수송시간도 단축될 것으로 보인다. 특히, 전 세계 LNG 수입 시장의 75%를 차지하는 중국, 한국, 일본, 대만 등 아시아 시장으로의 수송 시간 단축은 자명하다. 예를 들어, ㉡ 미국 멕시코만–파나마–일본으로 LNG 수송 시간은 대략 20일 정도 소요되는 반면, 수에즈 운하 통과 시 약 31일 소요되고, 아프리카의 남쪽 이용 시 약 34일 정도 소요된다. 같은 아시아 시장이라고 할지라도 인도, 파키스탄의 경우는 수에즈 운하나 남아프리카 희망봉을 통과하는 것이 수송시간 단축에 유리하며, ㉢ 싱가포르의 경우는 수에즈 운하나 희망봉을 경유하는 것이 파나마 운하를 이용하는 것보다 적은 수송시간이 소요된다. 또한, 미국 멕시코만–남미 수송시간도 단축될 것으로 예상되는데, 콜롬비아 및 에콰도르의 터미널까지는 20일이 단축이 되어 기존 25일에서 5일이 걸리고, ㉣ 칠레의 기화 터미널까지는 기존 20일에서 8~9일로 약 12일이 단축이 된다. 파나마 운하를 통과함으로써 수송거리 단축에 따른 수송비용 절감효과도 있다. 3.5bcf LNG 수송선을 기준으로 파나마운하관리청(Panama Canal Authrity)의 신규 통행료를 적용하여 왕복 통행료를 추정하면 대략 $0.2/MMBtu이다. 이를 적용하여 미국 멕시코만–파나마–아시아시장으로의 LNG 왕복 수송비용을 계산하면 파나마 운하 대신 수에즈 운하나 케이프 혼을 통과하는 경로에 비해서 대략 9~12%의 비용절감이 예상된다. 한편, IHS 자료를 바탕으로 비용 절감효과를 계산해 보면, 파나마 운하 이용 시 미국 멕시코만–수에즈–아시아 경로보다 대략 $0.3/MMBtu~$0.8/MMBtu 정도 비용이 절감되고, 희망봉 통과 경로보다 약 $0.2/MMBtu~$0.7/MMBtu 정도 절약되는 것으로 분석된다.

① ㉠

② ㉡

③ ㉢

④ ㉣

|38-39| 다음은 특정 시점 A국의 B국에 대한 주요 품목의 수출입 내역을 나타낸 것이다. 이를 보고 물음에 답하시오.

(단위 : 천 달러)

수출		수입		합계	
품목	금액	품목	금액	품목	금액
섬유류	352,165	섬유류	475,894	섬유류	828,059
전자전기	241,677	전자전기	453,907	전자전기	695,584
잡제품	187,132	생활용품	110,620	생활용품	198,974
생활용품	88,354	기계류	82,626	잡제품	188,254
기계류	84,008	화학공업	38,873	기계류	166,634
화학공업	65,880	플라스틱/고무	26,957	화학공업	104,753
광산물	39,456	철강금속	9,966	플라스틱/고무	51,038
농림수산물	31,803	농림수산물	6,260	광산물	39,975
플라스틱/고무	24,081	잡제품	1,122	농림수산물	38,063
철강금속	21,818	광산물	519	철강금속	31,784

38 다음 중 위의 도표에서 알 수 있는 A국↔B국간의 주요 품목 수출입 내용이 아닌 것은 어느 것인가? (언급되지 않은 품목은 고려하지 않는다)

① A국은 B국과의 교역에서 수출보다 수입을 더 많이 한다.

② B국은 1차 산업의 생산 또는 수출 기반이 A국에 비해 열악하다고 볼 수 있다.

③ 양국의 상호 수출입 액 차이가 가장 적은 품목은 기계류이다.

④ A국의 입장에서, 총 교역액에서 수출액이 차지하는 비중이 가장 큰 품목은 광산물이다.

39 A국에서 무역수지가 가장 큰 품목의 무역수지 액은 얼마인가? (무역수지=수출액-수입액)

① 27,007천 달러

② 38,937천 달러

③ 186,010천 달러

④ 25,543천 달러

40 다음 표는 E통신사에서 시행하는 이동 통화 요금제 방식이다. 다음과 같은 방식으로 통화를 할 경우, 한 달 평균 이동전화 사용 시간이 몇 분 초과일 때부터 B요금제가 유리한가?

요금제	기본 요금(원)	1분당 전화 요금(원)
A	15,000	180
B	18,000	120

① 35분   ② 40분
③ 45분   ④ 50분

문제해결능력

1 다음 기사를 읽고 밑줄 친 부분과 관련한 내용으로 가장 거리가 먼 것은?

> 최근 포항·경주 등 경북지역 기업들에 정부의 일학습병행제가 본격 추진되면서 큰 관심을 보이고 있는 가운데, 포스코 외주파트너사인 ㈜××기업이 지난 17일 직무개발훈련장의 개소식을 열고 첫 발걸음을 내딛었다. 청년층의 실업난 해소와 고용 창출의 해법으로 정부가 시행하는 일학습병행제는 기업이 청년 취업희망자를 채용해 이론 및 실무교육을 실시한 뒤 정부로부터 보조금을 지원받을 수 있는 제도로, ㈜××기업은 최근 한국산업인력공단 포항지사와 함께 취업희망자를 선발했고 오는 8월 1일부터 본격적인 실무교육에 나설 전망이다.
>
> ㈜××기업 대표이사는 "사업 전 신입사원 OJT는 단기간 수료해 현장 배치 및 직무수행을 하면서 직무능력수준 및 조직적응력 저하, 안전사고 발생위험 등 여러 가지 문제가 있었다"며 "이번 사업을 통해 2~3년 소요되던 직무능력을 1년 만에 갖출 수 있어 생산성 향상과 조직만족도가 향상될 것"이라고 밝혔다.

① 전사적인 교육훈련이 아닌 통상적으로 각 부서의 장이 주관하여 업무에 관련된 계획 및 집행의 책임을 지는 일종의 부서 내 교육훈련이다.

② 교육훈련에 대한 내용 및 수준에 있어서의 통일성을 기하기 어렵다.

③ 상사 또는 동료 간 이해 및 협조정신 등을 높일 수 있다.

④ 다수의 종업원을 훈련하는 데에 있어 가장 적절한 훈련기법이다.

풀이종료시간 : [   ] – [   ]
풀이소요시간 : [   ]분 [   ]초

2 다음 글에서 엿볼 수 있는 문제의 유형과 사고력의 유형이 알맞게 짝지어진 것은?

> 대한상사는 가전제품을 수출하는 기업이다. 주요 거래처가 미주와 유럽에 있다 보니 대한상사는 늘 환율 변동에 대한 리스크를 안고 있다. 최근 북한과 중동의 급변하는 정세 때문에 연일 환율이 요동치고 있어 대한상사는 도저히 향후 손익 계획을 가늠해 볼 수 없는 상황이다. 이에 따라 가격 오퍼 시 고정 환율을 적용하거나 현지에 생산 공장을 설립하는 문제를 심각하게 검토하고 있다.

	문제의 유형	사고력 유형
①	탐색형 문제	논리적 사고
②	설정형 문제	논리적 사고
③	탐색형 문제	비판적 사고
④	설정형 문제	창의적 사고

3 아이디어를 얻기 위해 의도적으로 시험할 수 있는 7가지 규칙인 SCAMPER 기법에 대한 설명으로 옳지 않은 것은?

① S : 기존의 것을 다른 것으로 대체해 보라.
② C : 제거해 보라.
③ A : 다른 데 적용해 보라.
④ M : 변경, 축소, 확대해 보라.

4 K지점으로부터 은행, 목욕탕, 편의점, 미용실, 교회 건물이 각각 다음과 같은 조건에 맞게 위치해 있다. 모두 K지점으로부터 일직선상에 위치해 있다고 할 때, 다음 설명 중 올바른 것은 어느 것인가? (언급되지 않은 다른 건물은 없다고 가정한다)

> • K지점으로부터 50m 이상 떨어져 있는 건물은 목욕탕, 미용실, 은행이다.
> • 목욕탕과 교회 건물 사이에는 편의점을 포함한 2개의 건물이 있다.
> • 5개의 건물은 각각 K지점에서 15m, 40m, 60m, 70m, 100m 떨어진 거리에 있다.

① 목욕탕과 편의점과의 거리는 40m이다.
② 연이은 두 건물 간의 거리가 가장 먼 것은 은행과 편의점이다.
③ 미용실과 편의점의 사이에는 1개의 건물이 있다.
④ K지점에서 미용실이 가장 멀리 있다면 은행과 교회는 45m 거리에 있다.

5 외국계 은행인 A 은행 서울지사에 근무하는 甲과, 런던지사에 근무하는 乙, 시애틀지사에 근무하는 丙은 같은 프로젝트를 진행하면서 다음과 같이 영상업무회의를 진행하였다. 회의 시각은 런던을 기준으로 11월 1일 오전 9시이고, 런던은 GMT+0, 서울은 GMT+9, 시애틀은 GMT−7을 표준시로 사용한다. 회의록을 바탕으로 할 때 빈칸에 들어갈 일시는?

> 甲 : 제가 프로젝트에서 맡은 업무는 오늘 오후 10시면 마칠 수 있습니다. 런던에서 받아서 1차 수정을 부탁드립니다.
> 乙 : 네, 저는 甲님께서 제시간에 끝내 주시면 다음날 오후 3시면 마칠 수 있습니다. 시애틀에서 받아서 마지막 수정을 부탁드립니다.
> 丙 : 알겠습니다. 저는 앞선 두 분이 제시간에 끝내 주신다면 서울을 기준으로 모레 오전 10시면 마칠 수 있습니다. 제가 업무를 마치면 프로젝트가 최종 마무리 되겠군요.
> 甲 : 잠깐, 다들 말씀하신 시각의 기준이 다른 것 같은데요? 저는 처음부터 런던을 기준으로 이해하고 말씀드렸습니다.
> 乙 : 저는 처음부터 시애틀을 기준으로 이해하고 말씀드렸는데요?
> 丙 : 저는 처음부터 서울을 기준으로 이해하고 말씀드렸습니다. 그렇다면 계획대로 진행될 때 서울을 기준으로 ( )에 프로젝트를 최종 마무리할 수 있겠네요.
> 甲, 乙 : 네, 맞습니다.

① 11월 2일 오후 11시   ② 11월 3일 오전 10시
③ 11월 3일 오후 3시   ④ 11월 3일 오후 7시

6 다음은 5가지의 영향력을 행사하는 방법과 수민, 홍진이의 발언이다. 수민이와 홍진이의 발언은 각각 어떤 방법에 해당하는가?

〈영향력을 행사하는 방법〉

• 합리적 설득 : 논리와 사실을 이용하여 제안이나 요구가 실행 가능하고, 그 제안이나 요구가 과업 목표 달성을 위해 필요하다는 것을 보여주는 방법
• 연합 전술 : 영향을 받는 사람들이 제안을 지지하거나 어떤 행동을 하도록 만들기 위해 다른 사람의 지지를 이용하는 방법
• 영감에 호소 : 이상에 호소하거나 감정을 자극하여 어떤 제안이나 요구사항에 몰입하도록 만드는 방법
• 교환 전술 : 제안에 대한 지지에 상응하는 대가를 제공하는 방법
• 합법화 전술 : 규칙, 공식적 방침, 공식 문서 등을 제시하여 제안의 적법성을 인식시키는 방법

〈발언〉

• 수민 : 이번에 내가 제안한 기획안이 이사회의 허락을 얻으면 당신이 오랜 기간 공들인 사업이 폐지될 수 있다는 것을 잘 알고 있습니다. 하지만 이번에 당신이 나를 도와 이 기획안을 지지준다면 이번 기획을 통해 성사되는 계약의 성과 중 일부를 당신과 나누도록 하겠습니다.
• 홍진 : 이 계획은 앞서 본부에서 한 달 전에 각 지사에 시달한 공문에 근거한 것입니다. 또한 이 계획을 시행될 사업과 관련한 세부적인 방법도 이미 본부에서 마련하였고, 절차상 아무 문제도 없습니다.

	수민	홍진
①	교환 전술	영감에 호소
②	교환 전술	합법화 전술
③	영감에 호소	합법화 전술
④	합리적 설득	연합 전술

7 Z회사에 근무하는 7명의 직원이 교육을 받으려고 한다. 교육실에서 직원들이 앉을 좌석의 조건이 다음과 같을 때 직원 중 빈자리 바로 옆 자리에 배정받을 수 있는 사람은?

〈교육실 좌석〉

첫 줄	A	B	C
중간 줄	D	E	F
마지막 줄	G	H	I

〈조건〉
- 직원은 강훈, 연정, 동현, 승만, 문성, 봉선, 승일 7명이다.
- 서로 같은 줄에 있는 좌석들끼리만 바로 옆 자리일 수 있다.
- 봉선의 자리는 마지막 줄에 있다.
- 동현이의 자리는 승만이의 바로 옆 자리이며, 또한 빈 자리 바로 옆이다.
- 승만이의 자리는 강훈이의 바로 뒷 자리이다.
- 문성이와 승일이는 같은 줄의 좌석을 배정받았다.
- 문성이나 승일이는 누구도 강훈이의 바로 옆 자리에 배정받지 않았다.

① 승만
② 문성
③ 연정
④ 봉선

8 직장인인 기원, 현욱, 은영, 정아는 아침을 못먹어서 출근길에 우유를 사먹었다. 자신이 먹은 우유에 대한 진술과 주어진 정보를 종합했을 때 A~D 중 은영이가 먹은 우유는 무엇인가?

〈진술〉

- 기원 : 나는 흰우유를 먹었어.
- 현욱 : 내가 먹은 우유는 정아가 먹은 우유보다 용량이 많았어.
- 은영 : 내가 먹은 우유는 가장 비싼 우유는 아니야.
- 정아 : 내가 먹은 우유는 다른 누군가가 먹은 우유와 종류가 같았어.

〈정보〉

	종류	용량(ml)	가격(원)
A	흰우유	190	1,100
B	흰우유	200	1,200
C	딸기우유	200	1,200
D	바나나우유	350	1,500

① A
② B
③ C
④ D

9 편의점에 우유, 콜라, 사이다, 이온음료, 오렌지주스로 구성된 다섯 가지 음료가 진열돼 있다. 아래 조건을 만족시킬 때 왼쪽에서 두 번째에 진열될 수 있는 음료가 아닌 것은?

- 우유는 오렌지주스보다 왼쪽에 진열돼 있다.
- 콜라와 사이다 사이에는 반드시 음료 하나가 진열돼야 한다.
- 이온음료는 가장 오른쪽에 진열돼 있다.

① 우유
② 콜라
③ 사이다
④ 오렌지주스

10 빨간색, 파란색, 노란색 구슬이 각각 한 개씩 있다. 이 세 개의 구슬을 A, B, C 세 사람에게 하나씩 나누어 주고, 세 사람 중 한 사람만 진실을 말하도록 하였더니 구슬을 받고 난 세 사람이 다음과 같이 말하였다.

> A : 나는 파란색 구슬을 가지고 있다.
> B : 나는 파란색 구슬을 가지고 있지 않다.
> C : 나는 노란색 구슬을 가지고 있지 않다.

위의 대화를 보고 빨간색, 파란색, 노란색의 구슬을 받은 사람을 차례대로 나열한 것은?

① A, B, C   ② A, C, B

③ B, A, C   ④ C, B, A

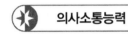 의사소통능력

11 다음은 농어촌 주민의 보건복지 증진을 위해 추진하고 있는 방안을 설명하는 글이다. 주어진 단락 ㈎~㈑ 중 농어촌의 사회복지서비스를 소개하고 있는 단락은 어느 것인가?

> ㈎ 「쌀 소득 등의 보전에 관한 법률」에 따른 쌀 소득 등 보전직접 지불금 등은 전액 소득인정액에 반영하지 않으며, 농어민 가구가 자부담한 보육비용의 일부, 농어업 직접 사용 대출금의 상환이자 일부 등을 소득 산정에서 제외하고 있다. 또한 경작농지 등 농어업과 직접 관련되는 재산의 일부에 대해서도 소득환산에서 제외하고 있다.
> ㈏ 20××년까지 한시적으로 농어민에 대한 국민연금보험료 지원을 실시하고 있다. 기준소득 금액은 910천 원으로 본인이 부담할 연금 보험료의 1/2를 초과하지 않는 범위 내에서 20××년 최고 40,950원/월을 지원하였다.
> ㈐ 급격한 농어촌 고령화에 따라 농어촌 지역에 거주하는 보호가 필요한 거동불편노인, 독거노인 등에게 맞춤형 대책을 제공하기 위한 노인돌보기, 농어촌 지역 노인의 장기 요양 욕구 충족 및 부양가족의 부담 경감을 위한 노인요양시설 확충 등을 추진하고 있다.
> ㈑ 농어촌 지역 주민의 암 조기발견 및 조기치료를 유도하기 위한 국가 암 검진 사업을 지속적으로 추진하고, 농어촌 재가암환자서비스 강화를 통하여 농어촌 암환자의 삶의 질 향상, 가족의 환자 보호·간호 등에 따른 부담 경감을 도모하고 있다.

① ㈎   ② ㈏

③ ㈐   ④ ㈑

12 다음 예시사례를 통해 알 수 있는 소셜 미디어의 특징으로 가장 적절한 것은?

○○일보

2021년 1월 15일

소셜미디어의 활약, 너무 반짝반짝 눈이 부셔!

자연재해 시마다 소셜미디어의 활약이 눈부시다. 지난 14일 100년 만의 폭설로 인해 지하철 운행이 중단되고 곳곳의 도로가 정체되는 등 교통대란이 벌어졌지만 많은 사람들이 스마트폰의 도움으로 최악의 상황을 피할 수 있었다.

누리꾼들은, 폭설로 인한 전력공급 중단으로 지하철 1호선 영등포역 정차 중 올림픽대로 상행선 가양 대교부터 서강대교까지 정체 중 등 서로 소셜미디어를 통해 실시간 피해 상황을 주고받았으며 이로 인해 출근 준비 중이던 대부분의 시민들은 다른 교통수단으로 혼란 없이 회사로 출근할 수 있었다.

① 정보전달방식이 일방적이다.

② 상위계층만 누리던 고급문화가 대중화된 사례이다.

③ 정보의 무비판적 수용을 조장한다.

④ 정보수용자와 제공자 간의 경계가 모호하다.

13 두 과학자 진영 A와 B의 진술 내용과 부합하지 않는 것은?

> 우리 은하와 비교적 멀리 떨어져 있는 은하들이 모두 우리 은하로부터 점점 더 멀어지고 있다는 사실이 확인되었다. 이 사실을 두고 우주의 기원과 구조에 대해 서로 다른 견해를 가진 두 진영이 다음과 같이 논쟁하였다.
>
> A진영 : 우주는 시간적으로 무한히 오래되었다. 우주가 팽창하는 것은 사실이다. 그렇다고 우리 견해가 틀렸다고 볼 필요는 없다. 우주는 팽창하지만 전체적으로 항상성을 유지한다. 은하와 은하가 멀어질 때 그 사이에서 물질이 연속적으로 생성되어 새로운 은하들이 계속 형성되기 때문이다. 비록 우주는 약간씩 변화가 있겠지만, 우주 전체의 평균 밀도는 일정하게 유지된다. 만일 은하 사이에서 새로 생성되는 은하를 관측한다면, 우리의 가설을 입증할 수 있다. 반면 우주가 자그마한 씨앗으로부터 대폭발에 의해 생겨났다는 주장은 터무니없다. 이처럼 방대한 우주의 물질과 구조가 어떻게 그토록 작은 점에 모여 있을 수 있겠는가?
>
> B진영 : A의 주장은 터무니없다. 은하 사이에서 새로운 은하가 생겨난다면 도대체 그 물질은 어디서 온 것이라는 말인가? 은하들이 우리 은하로부터 점점 더 멀어지고 있다는 사실은 오히려 우리 견해가 옳다는 것을 입증할 뿐이다. 팽창하는 우주를 거꾸로 돌린다면 우주가 시공간적으로 한 점에서 시작되었다는 결론을 얻을 수 있다. 만일 우주 안의 모든 물질과 구조가 한 점에 있었다면 초기 우주는 현재와 크게 달랐을 것이다. 대폭발 이후 우주의 물질들은 계속 멀어지고 있으며 우주의 밀도는 계속 낮아지고 있다. 대폭발 이후 방대한 전자기파가 방출되었는데, 만일 우리가 이를 관측한다면, 우리의 견해가 입증될 것이다.

① A에 따르면 물질의 총 질량이 보존되지 않는다.

② A에 따르면 우주는 시작이 없고, B에 따르면 우주는 시작이 있다.

③ A에 따르면 우주는 국소적인 변화는 있으나 전체적으로는 변화가 없다.

④ A와 B는 인접한 은하들 사이의 평균 거리가 커진다는 것을 받아들인다.

14 다음 글의 문맥상 빈 칸 ㈎에 들어갈 가장 적절한 말은 어느 것인가?

여름이 빨리 오고 오래 가다보니 의류업계에서 '쿨링'을 컨셉으로 하는 옷들을 앞다퉈 내놓고 있다. 그물망 형태의 옷감에서 냉감(冷感)을 주는 멘톨(박하의 주성분)을 포함한 섬유까지 접근방식도 제각각이다. 그런데 가까운 미래에는 미생물을 포함한 옷이 이 대열에 합류할지도 모르겠다. 박테리아 같은 미생물은 여름철 땀냄새의 원인이라는데 어떻게 옷에 쓰일 수 있을까.

생물계에서 흡습형태변형은 널리 관찰되는 현상이다. 솔방울이 대표적인 예로 습도가 높을 때는 비늘이 닫혀있어 표면이 매끈한 덩어리로 보이지만 습도가 떨어지면 비늘이 삐죽삐죽 튀어나온 형태로 바뀐다. 밀이나 보리의 열매(낟알) 끝에 달려 있는 까끄라기도 습도가 높을 때는 한 쌍이 거의 나란히 있지만 습도가 낮아지면 서로 벌어진다. 이런 현상은 한쪽 면에 있는 세포의 길이(크기)가 반대 쪽 면에 있는 세포에 비해 습도에 더 민감하게 변하기 때문이다. 즉 습도가 낮아져 세포 길이가 짧아지면 그쪽 면을 향해 휘어지는 것이다.

MIT의 연구자들은 미생물을 이용해서도 이런 흡습형태변형을 구현할 수 있는지 알아보기로 했다. 즉 습도에 영향을 받지 않는 재질인 천연라텍스 천에 농축된 대장균 배양액을 도포해 막을 형성했다. 대장균은 별도의 접착제 없이도 소수성 상호작용으로 라텍스에 잘 달라붙는다. 라텍스 천의 두께는 150~500μm(마이크로미터. 1μm는 100만분의 1m)이고 대장균 막의 두께는 1~5μm다. 이 천을 상대습도 15%인 건조한 곳에 두자 대장균 세포에서 수분이 빠져나가며 대장균 막이 도포된 쪽으로 휘어졌다. 이 상태에서 상대습도 95%인 곳으로 옮기자 천이 서서히 펴지며 다시 평평해졌다. 이 과정을 여러 차례 반복해도 같은 현상이 재현됐다.

연구자들은 원자힘현미경(AFM)으로 대장균 막을 들여다봤고 상대습도에 따라 크기(부피)가 변한다는 사실을 확인했다. 즉 건조한 곳에서는 대장균 세포부피가 30% 정도 줄어드는데 이 효과가 천에서 세포들이 나란히 배열된 쪽을 수축시키는 현상으로 나타나 그 방향으로 휘어지는 것이다. 연구자들은 이런 흡습형태변형이 대장균만의 특성인지 미생물의 일반 특성인지 알아보기 위해 몇 가지 박테리아와 단세포 진핵생물인 효모에 대해서도 같은 실험을 해봤다. 그 결과 정도의 차이는 있었지만 패턴은 동일했다.

다음으로 연구자들은 양쪽 면에 미생물이 코팅된 천이 쿨링 소재로 얼마나 효과적인지 알아보기로 했다. 연구팀은 흡습형태변형이 효과를 낼 수 있도록 독특한 형태로 옷을 디자인했다. 즉, (㈎   )

그 결과 공간이 생기면서 땀의 배출을 돕는다. 측정 결과 미생물이 코팅된 천으로 만든 옷을 입을 경우 같은 형태의 일반 천으로 만든 옷에 비해 피부 표면 공기의 온도가 2도 정도 낮아 쿨링 효과가 있는 것으로 나타났다.

① 체온이 높은 등 쪽으로 천이 휘어지게 되는 성질을 이용해 평상시에는 옷이 바깥쪽으로 더 튀어나오도록 디자인했다.
② 미생물이 코팅된 천이 땀으로 인한 습도의 영향을 잘 받을 수 있도록 옷의 안쪽 면에 부착하여 옷의 바깥쪽과는 완전히 다른 환경을 유지할 수 있도록 디자인했다.
③ 땀이 많이 나는 등 쪽에 칼집을 낸 형태로 만들어 땀이 안 날 때는 평평하다가 땀이 나면 피부 쪽 면의 습도가 높아져 미생물이 팽창해 천이 바깥쪽으로 휘어지도록 디자인했다.
④ 땀이 나서 습도가 올라가면 등 쪽의 세포 길이가 짧아질 것을 고려해 천이 안쪽으로 휘어져 공간이 생길 수 있도록 디자인했다.

15 다음 글을 참고할 때, '깨진 유리창의 법칙'이 시사하는 바로 가장 적절한 설명은 무엇인가?

1969년 미국 스탠포드 대학의 심리학자인 필립 짐바르도 교수는 아주 흥미로운 심리실험을 진행했다. 범죄가 자주 발생하는 골목을 골라 새 승용차 한 대를 보닛을 열어놓은 상태로 방치시켰다. 일주일이 지난 뒤 확인해보니 그 차는 아무런 이상이 없었다. 원상태대로 보존된 것이다. 이번에는 똑같은 새 승용차를 보닛을 열어놓고, 한쪽 유리창을 깬 상태로 방치시켜 두었다. 놀라운 일이 벌어졌다. 불과 10분이 지나자 배터리가 없어지고 차 안에 쓰레기가 버려져 있었다. 시간이 지나면서 낙서, 도난, 파괴가 연이어 일어났다. 1주일이 지나자 그 차는 거의 고철상태가 되어 폐차장으로 실려 갈 정도가 되었던 것이다. 훗날 이 실험결과는 '깨진 유리창의 법칙'이라는 이름으로 불리게 된다.

1980년대의 뉴욕 시는 연간 60만 건 이상의 중범죄가 발생하는 범죄도시로 악명이 높았다. 당시 여행객들 사이에서 '뉴욕의 지하철은 절대 타지 마라'는 소문이 돌 정도였다. 미국 라토가스 대학의 겔링 교수는 '깨진 유리창의 법칙'에 근거하여, 뉴욕 시의 지하철 흉악 범죄를 줄이기 위한 대책으로 낙서를 철저하게 지울 것을 제안했다. 낙서가 방치되어 있는 상태는 창문이 깨져있는 자동차와 같은 상태라고 생각했기 때문이다.

① 범죄는 대중교통 이용 공간에서 발생확률이 가장 높다.
② 문제는 확인되기 전에 사전 단속이 중요하다.
③ 작은 일을 철저히 관리하면 큰 사고를 막을 수 있다.
④ 낙서는 가장 핵심적인 범죄의 원인이 된다.

16 다음 글에서 A의 추리가 전제하고 있는 것을 〈보기〉에서 모두 고른 것은?

낭포성 섬유증은 치명적 유전 질병으로 현대 의학이 발달하기 전에는 이 질병을 가진사람은 어린 나이에 죽었다. 지금도 낭포성 섬유증을 가진 사람은 대개 청년기에 이르기 전에 사망한다. 낭포성 섬유증은 백인에게서 3,000명에 1명 정도의 비율로 나타나며 인구의 약 5% 정도가 이 유전자를 가지고 있다. 진화생물학 이론에 의하면 유전자는 자신이 속하는 종에 어떤 이점을 줄 때에만 남아 있다. 만일 어떤 유전자가 치명적 질병과 같이 생물에 약점으로 작용한다면 이 유전자를 가지고 있는 생물은 그렇지 않은 생물보다 생식할 수 있는 기회가 줄어들기 때문에, 이 유전자는 궁극적으로 유전자 풀(pool)에서 사라질 것이다. 낭포성 섬유증 유전자는 이 이론으로 설명할 수 없는 것으로 보인다.

1994년 미국의 과학자 A는 흥미로운 실험 결과를 발표하였다. 정상 유전자를 가진 쥐에게 콜레라 독소를 주입하자 쥐는 심한 설사로 죽었다. 그러나 낭포성 섬유증 유전자를 1개 가지고 있는 쥐는 독소를 주입한 다음 설사 증상을 보였지만 그 정도는 낭포성 섬유증 유전자가 없는 쥐에 비해 반 정도였다. 낭포성 섬유증 유전자를 2개 가진 쥐는 독소를 주입한 후에도 전혀 증상을 보이지 않았다. 낭포성 섬유증 증세를 보이는 사람은 장과 폐로부터 염소이온을 밖으로 퍼내는 작용을 정상적으로 하지 못한다. 반면 콜레라 독소는 장으로부터 염소이온을 비롯한 염분을 과다하게 분비하게 하고 이로 인해 물을 과다하게 배출시켜 설사를 일으킨다. 이 결과로부터 A는 낭포성 섬유증 유전자의 작용이 콜레라 독소가 과도한 설사를 일으키는 메커니즘을 막기 때문에, 낭포성 섬유증 유전자를 가진 사람이 콜레라로부터 보호될 수 있을 것이라고 추측하였다. 그러므로 1800년대에 유럽을 강타했던 콜레라 대유행에서 낭포성 섬유증 유전자를 가진 사람이 살아남기에 유리했다고 주장하였다.

〈보기〉

㉠ 쥐에서 나타나는 질병 양상은 사람에게도 유사하게 적용된다.
㉡ 낭포성 섬유증은 백인 외의 인종에서는 드문 유전 질병이다.
㉢ 콜레라 독소는 콜레라균에 감염되었을 때와 같은 증상을 유발한다.
㉣ 낭포성 섬유증 유전자를 가진 모든 사람이 낭포성 섬유증으로 인하여 청년기 전에 사망하는 것은 아니다.

① ㉠, ㉡

② ㉠, ㉢

③ ㉡, ㉣

④ ㉠, ㉢, ㉣

17 다음은 정부와 한전에서 중점 추진하고 있는 에너지 신산업에 대한 글이다. 다음 글의 밑줄 친 부분이 의미하는 변화를 이루기 위해 가장 핵심적으로 요구되는 두 가지 기술 요소를 적절하게 연결한 것은 어느 것인가?

우리나라는 에너지 신산업의 일환으로 에너지 프로슈머 사업을 적극적으로 추진한다는 계획 하에 소규모 시범사업부터 대규모 프로슈머의 시범사업을 추진하고 있다. 기본적으로 에너지 프로슈머 사업이 활성화되기 위해서는 소비자 스스로 태양광 발전설비를 설치하고, 이웃과 거래할 수 있는 유인이 있어야 한다. 이러한 유인이 존재하려면 전력회사가 제공하는 전기의 요금보다 신재생에너지 발전단가가 낮아야 할 것이다. 앞으로도 소비자들의 프로슈머화는 가속화될 것이고 궁극적으로는 <u>자급자족 에너지 시스템으로의 변화</u>로 이어질 것으로 예상되고 있다.

에너지 프로슈머는 전력회사로부터 전력을 공급받아 단순히 소비만 하던 에너지 사용방식에서 탈피하여 신재생에너지원을 활용하여 직접 생산하여 소비한 후 남는 전력을 판매하기도 하는 소비자를 일컫는다. 소비자는 주로 태양광 발전설비를 이용하여 낮에 전력을 생산하여 자가 소비 후 잉여전력을 전력회사나 이웃에게 판매하는 방식으로 처리할 수 있다. 이 과정에서 소비자는 생산된 전력량으로부터 자가 소비량과 잉여전력량을 조절하는 한편, 전력회사로부터의 전력구입량도 관리하는 등 에너지 관리에 대한 선택이 확대된다. 더구나 전력저장장치가 결합된다면 저녁시간대의 전력 활용에 대한 선택이 커지므로 보다 전략적으로 에너지 관리를 할 수 있을 것이다.

소비자의 에너지 사용에 대한 행동변화는 소비자의 에너지 프로슈머화를 촉진시킬 뿐만 아니라 현재 대규모 설비위주의 중앙집중적 에너지 공급시스템을 분산형 전원을 활용하여 자급자족이 가능한 에너지 시스템으로 변화되도록 유도하고 있다. 그리고 소비자의 에너지 활용과 관련한 선택의 범위가 확대됨에 따라 다양한 에너지 서비스의 활성화에도 기여하고 있다. 소비자의 행동변화에 따라 에너지 사용데이터를 기반으로 공급자들도 에너지 수요관리와 관련된 다양한 서비스를 제공하는 한편, 에너지 프로슈머와의 경쟁적 환경에 놓이게 된 것이다.

① 전력저장장치, 전력구입량 관리 설비
② 전력저장장치, 분산형 전원
③ 중앙집중적 에너지 공급시스템, 전력구입량 관리 설비
④ 에너지 사용데이터 관리 시스템, 전력저장장치

18 아래의 글을 읽고 알 수 있는 내용이 아닌 것을 고르면?

18세기 경험론의 대표적인 철학자 흄은 '모든 지식은 경험에서 나온다.'라고 주장하면서, 이성을 중심으로 진리를 탐구했던 데카르트의 합리론을 비판하고 경험을 중심으로 한 새로운 철학 이론을 구축하려 하였다. 그러나 지나치게 경험만을 중시한 나머지, 그는 과학적 탐구 방식 및 진리를 인식하는 문제에 대해서도 비판하기에 이른다. 그 결과 흄은 서양 근대철학사에서 극단적인 회의주의자로 평가받는다.

흄은 지식의 근원을 경험으로 보고 이를 인상과 관념으로 구분하여 설명하였다. 인상은 오감(五感)을 통해 얻을 수 있는 감각이나 감정 등을 말하고, 관념은 인상을 머릿속에 떠올리는 것을 말한다. 가령, 혀로 소금의 '짠맛'을 느끼는 것은 인상이고, 머릿속으로 '짠맛'을 떠올리는 것은 관념이다. 인상은 단순 인상과 복합 인상으로 나뉘는데, 단순 인상은 단일 감각을 통해 얻은 인상을, 복합 인상은 단순 인상들이 결합된 인상을 의미한다. 따라서 '짜다'는 단순 인상에, '짜다'와 '희다' 등의 단순 인상들이 결합된 소금의 인상은 복합 인상에 해당한다. 그리고 단순 인상을 통해 형성되는 관념을 단순 관념, 복합 인상을 통해 형성되는 관념을 복합 관념이라 한다. 흄은 단순 인상이 없다면 단순 관념이 존재하지 않는다고 보았다. 그런데 '황금 소금'은 현실에 존재하지 않기 때문에 그 자체에 대한 복합 인상은 없지만, '황금'과 '소금' 각각의 인상이 존재하기 때문에 복합 관념이 존재할 수 있다. 따라서 복합 관념은 복합 인상이 없더라도 존재할 수 있다. 하지만 흄은 '황금 소금'처럼 인상이 없는 관념은 과학적 지식이 될 수 없다고 말하였다. 흄은 과학적 탐구 방식으로서의 인과 관계에 대해서도 비판적 태도를 보였다. 그는 인과 관계란 시공간적으로 인접한 두 사건이 반복해서 발생할 때 갖는 관찰자의 습관적인 기대에 불과하다고 말하였다. 즉, '까마귀 날자 배 떨어진다'라는 속담이 의미하는 것처럼 인과 관계는 필연적 관계임을 확인할 수 없다는 것이다. 그는 '까마귀가 날아오르는 사건'과 '배가 떨어지는 사건'을 관찰할 수는 있지만, '까마귀가 날아오르는 사건이 배가 떨어지는 사건을 야기했다.'라는 생각은 추측일 뿐 두 사건의 인과적 연결 관계를 관찰할 수 없다고 주장한다. 결국 인과 관계란 시공간적으로 인접한 두 사건에 대한 주관적 판단에 불과하므로, 이런 방법을 통해 얻은 과학적 지식이 필연적이라는 생각은 적합하지 않다고 흄은 비판하였다.

또한 흄은 진리를 알 수 있는가의 문제에 대해서도 회의적인 태도를 취했다. 전통적인 진리관에서는 진술의 내용이 사실(事實)과 일치할 때 진리라고 본다. 하지만 흄은 진술 내용이 사실과 일치하는지의 여부를 판단할 수 없다고 보았다. 예를 들어 '소금이 짜다.'라는 진술이 진리가 되기 위해서는 실제 소금이 짜야 한다. 그런데 흄에 따르면 우리는 감각 기관을 통해서만 세상을 인식할 수 있기 때문에 실제 소금이 짠지는 알 수 없다. 그러므로 '소금이 짜다.'라는 진술은 '내 입에는 소금이 짜게 느껴진다.'라는 진술에 불과할 뿐이다. 따라서 비록 경험을 통해 얻은 과학적 지식이라 하더라도 그것이 진리인지의 여부는 확인할 수 없다는 것이 흄의 입장이다.

이처럼 흄은 경험론적 입장을 철저하게 고수한 나머지, 과학적 지식조차 회의적으로 바라보았다는 점에서 비판을 받기도 했다. 하지만 그는 이성만 중시했던 당시 철학 사조에 반기를 들고 경험을 중심으로 지식 및 진리의 문제를 탐구했다는 점에서 근대 철학에 새로운 방향성을 제시했다는 평가를 받는다.

① 데카르트는 이성을 중시하는 관점에서 진리를 찾으려고 하였다.
② 전통적 진리관에 따르면 진리 여부를 판단하는 것은 불가능하다.
③ 흄은 지식의 탐구 과정에서 감각을 통해 얻은 경험을 중시하였다.
④ 흄은 합리론에 반기를 들고 새로운 철학 이론을 구축하려 하였다.

다음은 어느 발전회사의 공급자 행동강령이다. 이를 보고 물음에 답하시오.

<일반 요건>

발전의 국내외 모든 공급자들은 국내법과 국제법 그리고 인권, 노동, 환경, 반부패와 관련하여 제정된 UN 글로벌 컴팩트 10대 원칙을 준수하여야 한다.

<세부 요건>

윤리적 기준

1. 공급자는 투명하고 깨끗한 경영을 위하여 최선의 노력을 다하여야 하며, 부당취득, 뇌물수수 등 비도덕적 행위를 하여서는 안 된다. 특히 당사 직원에게 금품, 향응 등의 뇌물을 어떠한 형태로든 제공해서는 안 된다.

2. 공급자는 공정거래를 저해하는 담합 행위를 하여서는 안 되며, 또한 제3자와 불법하도급 거래를 하여서도 안 된다.

3. 공급자는 본인 또는 타인의 이익을 위하여 당사 직원에게 공정한 직무수행이나 의사결정에 영향을 미칠 수 있는 부당한 청탁을 하여서는 안 된다.

4. 공급자는 뇌물 공여 및 요구를 거절하는 깨끗한 기업문화를 조성하기 위해 소속 직원을 교육하여야 하며, 계약 이행시 부패 관련 사항을 발견할 경우 발전 신문고 또는 레드휘슬(www.kom.co.kr)에 신고하여야 한다.

사회적 기준

1. 공급자는 사업권 내의 조세 및 노동 관련 법규를 준수하며, 그러한 법규의 규정 및 정신에 따라 행동하기 위해 최선의 노력을 기울여야 한다.

2. 공급자는 국내법 및 국제법을 위반하여 근로를 제공받아서는 안 된다.

3. 공급자는 어떠한 경우에도 아동노동을 활용해서는 안 되고 이를 통한 이익을 취해서도 안 된다.

4. 공급자는 인종, 종교, 성별, 신체능력 등을 이유로 근로자의 고용 또는 채용시 차별하여서는 안 되며, 법률에 의하여 금지되어 있지 않는 이상 근로자에게 집회결사의 자유와 단체교섭권을 부여하여야 한다.

환경적 기준

1. 공급자는 사업권 내의 환경과 안전 관련 법규를 준수하며, 그러한 법규의 규정 및 정신에 따라 행동하기 위해 최선의 노력을 기울여야 한다.

2. 공급자는 기업의 환경보호 성과를 지속적으로 향상시키기 위하여 환경 관련 절차를 준수하고 환경 친화적 기술의 확산을 위하여 노력을 기울여야 한다.

3. 공급자는 근로자들에게 필수 안전 장비를 제공하는 등 안전하고 건강한 작업 및 근무여건을 제공해야 한다.

4. 공급자는 사업권 내의 관련 국가 및 지역의 환경에 대한 피해를 최소화하기 위하여 노력하는 등 환경을 중시하는 경영활동을 하여야 한다.

19 다음 사례에서 甲의 행동은 행동강령의 어느 기준을 위반한 것인가?

> 인사를 담당하고 있는 甲은 인턴 지원자인 乙이 키가 작고 못생겼다는 이유로 면접에서 탈락시켰다.

① 일반 요건
② 윤리적 기준
③ 사회적 기준
④ 환경적 기준

20 행동강령에 따를 경우 계약 이행시 부패가 발견된다면 어떻게 해야 하는가?

① 경찰에 신고한다.
② 발전 신문고에 신고한다.
③ 국민권익위원회에 신고한다.
④ 사장님께 바로 보고한다.

✦ 수리능력

21 G 대학 입학시험의 전체 평균점수는 55점이다. 응시자는 총 100명이고, 합격자의 평균은 70점, 불합격자의 평균은 50점이라고 할 때, 합격자는 몇 명인지 구하면?

① 21명   ② 23명
③ 25명   ④ 27명

22 A사는 1억 원을 투자하여 연간 15%의 수익률을 올리는 것을 목표로 새로운 택배서비스를 시작하였다. 이때, 택배서비스의 목표수입가격은 얼마가 적당한가? (단, 예상 취급량 30,000개/연, 택배서비스 취급원가 1,500원/개)

① 1,000원   ② 1,500원
③ 2,000원   ④ 2,500원

23 형과 동생은 매월 일정액을 예금하고 있다. 현재 형의 예금액이 10,000원, 동생의 예금액은 7,000원이다. 형은 매월 700원을, 동생은 매월 1,000원을 예금하는데 형과 동생의 예금액이 같아지는 것은 몇 개월 후인가?

① 6개월 후   ② 10개월 후
③ 14개월 후   ④ 18개월 후

24 어떤 일을 하는데 수빈이는 16일, 혜림이는 12일이 걸린다. 처음에는 수빈이 혼자서 3일 동안 일하고, 그 다음은 수빈이와 혜림이가 같이 일을 하다가 마지막 하루는 혜림이만 일하여 일을 끝냈다. 수빈이와 혜림이가 같이 일 한 기간은 며칠인가?

① 3일　　　　　　　　　　　　② 4일

③ 5일　　　　　　　　　　　　④ 6일

25 다음은 Y년도의 각 발전소 지원 예정금액을 책정해 놓은 자료이다. 전체 인원의 1인당 평균 지원 금액과 발전소당 평균 운영비는 각각 얼마인가?

(단위 : 원)

구분	기장군(고리)	영광군(영광)	울진군(울진)	울주군(신고리)	경주시(월성)
1인당 인건비	450,000	450,000	506,000	281,000	449,000
인원수(명)	8	8	9	7	8
운영비	148,000	169,000	129,000	123,000	77,000

① 432,825원, 131,250원

② 427,535원, 129,200원

③ 432,825원, 129,200원

④ 427,535원, 131,250원

26 야산 한 쪽에 태양광 설비 설치를 위해 필요한 부품을 트럭에서 내려 설치 장소까지 리어카를 이용하여 시속 4km로 이동한 K씨는 설치 후 트럭이 있는 곳까지 시속 8km의 속도로 다시 돌아왔다. 처음 트럭을 출발하여 작업을 마치고 다시 트럭의 위치로 돌아오니 총 4시간이 걸렸다. 작업에 소요된 시간이 1시간 30분이라면, 트럭에서 태양광 설치 장소까지의 거리는 얼마인가? (거리는 반올림하여 소수 둘째 자리까지 표시함)

① 약 4.37km   ② 약 4.95km

③ 약 5.33km   ④ 약 6.67km

27 남매의 연령비는 현재 3:10다. 12년 후 남매의 연령비가 5:30라면 현재 오빠의 나이는 몇 살인가?

① 18세   ② 19세

③ 20세   ④ 21세

28 용구는 집에서 회사에 출근할 때 자동차를 타고 시속 40km로 출근하였고, 퇴근해서 집에 돌아올 때는 자전거를 타고 시속 20km로 돌아왔다. 출퇴근 시 걸렸던 시간은 총 3시간 걸렸고, 오고 갈 때 같은 길을 모두 이용하였다면 집에서 회사까지의 거리는 얼마인가?

① 30km   ② 35km

③ 40km   ④ 45km

29 다음에 제시된 왼쪽 네모 칸의 수들이 일정한 규칙에 의하여 오른쪽 네모 칸의 같은 위치의 수들과 대응관계를 이룰 때, 빈 칸에 들어갈 알맞은 숫자는 어느 것인가?

53	62
63	41

→

82	84
93	( )

① 72

② 74

③ 53

④ 93

30 A사의 직원은 총 180명이고, 이 중 남직원의 62.5%와 여직원의 85%가 안경을 착용하고 있다. A사에서 안경을 쓴 직원이 전체 직원의 75%일 때, 안경을 쓴 여직원의 수는 얼마인가?

① 70명

② 75명

③ 80명

④ 85명

자원관리능력

31 다음은 총무팀 오 과장이 팀장으로부터 지시받은 이번 주 업무 내역이다. 팀장은 오 과장에게 가급적 급한 일보다 중요한 일을 먼저 처리해 줄 것을 당부하며 아래의 일들에 대한 시간 분배를 잘 해 줄 것을 지시하였는데, 팀장의 지시사항을 참고로 오 과장이 처리해야 할 업무를 순서대로 알맞게 나열한 것은 어느 것인가?

Ⅰ 긴급하면서 중요한 일 　－ 부서 손익실적 정리(A) 　－ 개인정보 유출 방지책 마련(B) 　－ 다음 주 부서 야유회 계획 수립(C)	Ⅱ 긴급하지 않지만 중요한 일 　－ 월별 총무용품 사용현황 정리(D) 　－ 부산 출장계획서 작성(E) 　－ 내방 고객 명단 작성(F)
Ⅲ 긴급하지만 중요하지 않은 일 　－ 민원 자료 취합 정리(G) 　－ 영업부 파티션 교체 작업 지원(H) 　－ 출입증 교체 인원 파악(I)	Ⅳ 긴급하지 않고 중요하지 않은 일 　－ 신입사원 신규 출입증 배부(J) 　－ 프린터기 수리 업체 수배(K) 　－ 정수기 업체 배상 청구 자료 정리(L)

① (D) – (A) – (G) – (K)

② (B) – (E) – (J) – (H)

③ (A) – (G) – (E) – (K)

④ (B) – (F) – (G) – (L)

32 경비 집행을 담당하는 H대리는 이번 달 사용한 비용 내역을 다음과 같이 정리하였다. 이를 본 팀장은 H 대리에게 이번 달 간접비의 비중이 직접비의 25%를 넘지 말았어야 했다고 말한다. 다음 보기와 같이 H 대리가 생각하는 내용 중 팀장이 이번 달 계획했던 비용 지출 계획과 어긋나는 것은 어느 것인가?

〈이번 달 비용 내역〉
* 직원 급여 1,200만 원
* 출장비 200만 원
* 설비비 2,200만 원
* 자재대금 400만 원
* 사무실 임대료 300만 원
* 수도/전기세 35만 원
* 광고료 600만 원
* 비품 30만 원
* 직원 통신비 60만 원

① '비품을 다음 달에 살 걸 그랬네…'
② '출장비가 80만 원만 더 나왔어도 팀장님이 원하는 비중대로 되었을 텐데…'
③ '어쩐지 수도/전기세를 다음 달에 몰아서 내고 싶더라…'
④ '직원들 통신비를 절반으로 줄이기만 했어도…'

▍33-34▍ 다음 글을 읽고 물음에 답하시오.

A사와 B사는 동일한 S제품을 생산하는 경쟁 관계에 있는 두 기업이며, 다음과 같은 각기 다른 특징을 가지고 마케팅을 진행하였다.

〈A사〉

후발 주자로 업계에 뛰어든 A사는 우수한 품질과 생산 설비의 고급화를 이루어 S제품 공급을 고가 정책에 맞추어 진행하기로 하였다. 이미 S제품의 개발이 완료되기 이전부터 A사의 잠재력을 인정한 해외의 K사로부터 장기 공급계약을 체결하는 등의 실적을 거두며 대내외 언론으로부터 조명을 받았다. A사는 S제품의 개발 단계에서, 인건비 등 기타 비용을 포함한 자체 마진을 설비 1대당 1천만 원, 연구개발비를 9천만 원으로 책정하고 총 1억 원에 K사와 계약을 체결하였으나 개발 완료 시점에서 알게 된 실제 개발에 투입된 연구개발비가 약 8천 5백만 원으로 집계되어 추가의 이익을 보게 되었다.

〈B사〉

A사보다 먼저 시장에 진입한 B사는 상대적으로 낮은 인건비의 기술 인력을 확보할 수 있어서 동일한 S제품을 생산하는 데 A사보다 다소 저렴한 가격 구조를 형성할 수 있었다. B사는 당초 설비 1대당 5백만 원의 자체 마진을 향유하며 연구개발비로 약 8천만 원이 소요될 것으로 예상, 총 8천 5백만 원으로 공급가를 책정하고, 저가 정책에 힘입어 개발 완료 이전부터 경쟁자들을 제치고 많은 거래선들과 거래 계약을 체결하게 되었다. 그러나 S제품 개발이 완료된 후 비용을 집계해 본 결과, 당초 예상과는 달리 A사와 같은 8천 5백만 원의 연구개발비가 투입되었음을 알게 되어 개발 단계에서 5백만 원의 추가 손실을 보게 되었다

33 다음 보기 중, 위와 같은 상황 속에서 판단할 수 있는 설명으로 적절하지 않은 것은 어느 것인가?

① A사는 결국 높은 가격으로 인하여 시장점유율이 하락할 것이다.

② B사는 물건을 만들면 만들수록 계속 손실이 커지게 될 것이다.

③ A사가 경쟁력을 확보하려면 가격을 인하하여야 한다.

④ 결국 실제 들어가는 비용보다 조금 높은 개발비를 책정하여야 한다.

34 예산자원 관리의 측면에서 볼 때, 윗글이 암시하고 있는 예산관리의 특징으로 적절하지 않은 것은 어느 것인가?

① 예산만 정확하게 수립되면 실제 활동이나 사업 진행하는 과정상 관리가 크게 개입될 필요가 없다.
② 개발 비용 〉 실제 비용의 경우 결국 해당 기업은 경쟁력을 상실하게 된다.
③ 실제 비용 〉 개발 비용의 경우 결국 해당 기업은 지속 적자가 발생한다.
④ 개발 비용 = 개발 비용으로 유지하는 것이 가장 바람직하다.

35 다음 글에서 암시하고 있는 '자원과 자원관리의 특성'을 가장 적절하게 설명한 것은 다음 보기 중 어느 것인가?

> 더 많은 토지를 사용하고 모든 농장의 수확량을 최고의 농민들이 얻은 수확량으로 올리는 방법으로 식량 공급을 늘릴 수 있다. 그러나 우리의 주요 식량 작물은 높은 수확량을 달성하기 위해 좋은 토양과 물 공급이 필요하며 생산 단계에 있지 않은 토지는 거의 없다. 실제로 도시의 스프롤 현상, 사막화, 염화 및 관개용으로 사용된 대수층의 고갈은 미래에 더 적은 토지가 농업에 제공될 수 있음을 암시한다. 농작물은 오늘날 사용되는 것보다 더 척박한 땅에서 자랄 수 있고, 수확량이 낮고 환경 및 생물 다양성이 저하될 환경일지도 모른다. 농작물의 수확량은 농장과 국가에 따라 크게 다르다. 예를 들어, 20××년 미국의 옥수수 평균 수확량은 10.0t/ha, 짐바브웨가 0.9t/ha였는데, 두 국가 모두 작물 재배를 위한 기후 조건은 비슷했다(20××년 유엔 식량 농업기구). 미국의 수확률이 다른 모든 나라의 목표겠지만 각국의 정책, 전문가의 조언, 종자 및 비료에 접근하는 데 크게 의존할 수밖에 없다. 그리고 그 중 어느 것도 새로운 농지에서 확실한 수확률을 보장하지는 않는다. 따라서 좋은 시기에는 수확 잠재력이 개선된 종자가 필요하지 않을 수도 있지만, 아무것도 준비하지 않는 건 위험하다. 실험실에서 혁신적인 방법을 개발하는 것과 그걸 바탕으로 농민에게 종자를 제공하는 것 사이에 20년에서 30년의 격차가 있다는 걸 감안할 때, 분자 공학과 실제 작물 육종 간의 격차를 줄이고 더 높은 수율을 달성하는 일은 시급하다.

① 누구나 동일한 자원을 가지고 있으며 그 가치와 밀도도 모두 동일하다.
② 특정 자원이 없음으로 해서 다른 자원을 확보하는 데 문제가 발생할 수 있다.
③ 자원은 유한하며 따라서 어떻게 활용하느냐 하는 일이 무엇보다 중요하다.
④ 사람들이 의식하지 못하는 사이에 자원은 습관적으로 낭비되고 있다.

|36-37| 다음은 J 공단 민원센터의 상담원 다섯 명에 대한 고객 설문지 조사 결과를 표로 나타낸 것이다. 공단에서는 이를 근거로 최우수 상담원을 선정하여 포상을 하려 한다. 제시된 표를 바탕으로 물음에 답하시오.

〈상담원별 고객부여 득점 결과표〉

	대면		비대면		
	응대친절	의사소통	신속처리	전문성	사후 피드백
상담원 A	75	80	83	92	88
상담원 B	92	94	82	82	90
상담원 C	80	82	85	94	96
상담원 D	84	90	95	90	82
상담원 E	93	88	78	86	94

〈최우수 상담원 선정 방법〉

- 각 항목별 득점에 다음 구간 기준을 적용하여 점수를 부여한다.

96점 이상	90~95점	85~89점	80~84점	79점 이하
5점	4점	3점	2점	1점

- 각 항목별 점수의 합이 큰 상담원 순으로 선정하되, 다음과 같은 가중치를 적용한다.
  • 응대친절과 의사소통 항목 : 점수의 30% 가산
  • 신속처리와 전문성 항목 : 점수의 20% 가산
  • 사후 피드백 : 점수의 10% 가산
- 점수가 동일한 경우 왼쪽 항목부터 얻은 점수가 높은 상담원을 우선순위로 선정한다.

36 다음 중 위의 기준에 의해 최우수 상담원으로 선정될 사람은 누구인가?

① 상담원 A
② 상담원 B
③ 상담원 C
④ 상담원 D

37 다음 중 위와 같은 평가 방식과 결과를 잘못 이해한 의견은 어느 것인가?

① 대면 상담에서는 상담원 E가 상담원 D보다 더 우수한 평점을 받았네.
② 이 평가방식은 대면 상담을 비대면 상담보다 더 중요하게 여기는구나.
③ 고객에게 친절하게 응대하는 것을 가장 중요시하는 평가 기준이군.
④ 평가항목 당 가중치가 없었다면 상담원 D가 최우수 상담원이 되었겠어.

38 다음은 특정년도 강수일과 강수량에 대한 예시자료이다. 다음 자료를 참고로 판단한 〈보기〉의 의견 중 자료의 내용에 부합하는 것을 모두 고른 것은 어느 것인가?

〈장마 시작일과 종료일 및 기간〉

	2021년			평년(1987~2016년)		
	시작	종료	기간(일)	시작	종료	기간(일)
중부지방	6.25	7.29	35	6.24~25	7.24~25	32
남부지방	6.24	7.29	36	6.23	7.23~24	32
제주도	6.24	7.23	30	6.19~20	7.20~21	32

〈장마기간 강수일수 및 강수량〉

	2021년		평년(1987~2016년)	
	강수일수(일)	강수량(mm)	강수일수(일)	강수량(mm)
중부지방	18.5	220.9	17.2	366.4
남부지방	16.7	254.1	17.1	348.6
제주도	13.5	518.8	18.3	398.6
전국	17.5	240.1	17.1	356.1

─── 〈보기〉 ───

㈎ 중부지방과 남부지방은 평년 대비 2021년에 장마 기간과 강수일수가 모두 늘어났지만 강수량은 감소하였다.

㈏ 2021년의 장마 기간 1일 당 평균 강수량은 제주도-중부지방-남부지방 순으로 많다.

㈐ 중부지방, 남부지방, 제주도의 2021년 장마 기간 대비 강수일수 비율의 크고 작은 순서는 강수일수의 많고 적은 순서와 동일하다.

㈑ 강수일수 및 강수량의 지역적인 수치상의 특징은, 평년에는 강수일수가 많을수록 강수량도 증가하였으나, 2021년에는 강수일수가 많을수록 강수량은 오히려 감소하였다는 것이다.

① ㈎, ㈏

② ㈏, ㈐

③ ㈐, ㈑

④ ㈎, ㈏, ㈑

▌39-40 ▌ S사 홍보팀에서는 사내 행사를 위해 다음과 같이 3개 공급업체로부터 경품1과 경품2에 대한 견적서를 받아보았다. 행사 참석자가 모두 400명이고 1인당 경품1과 경품2를 각각 1개씩 나누어 주어야 한다. 다음 자료를 보고 질문에 답하시오.

공급처	물품	세트 당 포함 수량(개)	세트 가격
A업체	경품1	100	85만 원
	경품2	60	27만 원
B업체	경품1	110	90만 원
	경품2	80	35만 원
C업체	경품1	90	80만 원
	경품2	130	60만 원

- A 업체 : 경품2 170만 원 이상 구입 시, 두 물품 함께 구매하면 총 구매가의 5% 할인
- B 업체 : 경품1 350만 원 이상 구입 시, 두 물품 함께 구매하면 총 구매가의 5% 할인
- C 업체 : 경품1 350만 원 이상 구입 시, 두 물품 함께 구매하면 총 구매가의 20% 할인

* 모든 공급처는 세트 수량으로만 판매한다.

39 홍보팀에서 가장 저렴한 가격으로 인원수에 모자라지 않는 수량의 물품을 구매할 수 있는 공급처와 공급 가격은 어느 것인가?

① A업체 / 5,000,500원

② A업체 / 5,025,500원

③ B업체 / 5,082,500원

④ B업체 / 5,095,000원

40 다음 중 C업체가 S사의 공급처가 되기 위한 조건으로 적절한 것은 어느 것인가?

① 경품1의 세트 당 포함 수량을 100개로 늘린다.

② 경품2의 세트 당 가격을 2만 원 인하한다.

③ 경품1의 세트 당 수량을 85개로 줄인다.

④ 경품1의 세트 당 가격을 5만 원 인하한다.

문제해결능력

1 용의자 A, B, C, D 4명이 있다. 이들 중 A, B, C는 조사를 받는 중이며 D는 아직 추적 중이다. 4명 중에서 한 명만이 진정한 범인이며, A, B, C의 진술 중 한 명의 진술만이 참일 때 범인은 누구인가?

> • A : B가 범인이다.
> • B : 내가 범인이다.
> • C : D가 범인이다.

① A
② B
③ C
④ D

풀이종료시간 : [   ] – [   ]
풀이소요시간 : [   ]분 [   ]초

2   다음 제시문을 읽고 바르게 추론한 것을 〈보기〉에서 모두 고른 것은?

> A회사에서는 1,500명의 소속직원들이 마실 생수를 구입하기로 하였다. 모든 조건이 동일한 두 개의 생수회사가 최종 경쟁을 하게 되었다. 구입 담당자는 직원들에게 시음하게 하여 직원들이 가장 좋아하는 생수를 선정하고자 하였다. 다음과 같은 절차를 통하여 구입 담당자가 시음회를 주관하였다.
> • 직원들로부터 더 많이 선택 받은 생수회사를 최종적으로 선정한다.
> • 생수 시음회 참여를 원하는 직원을 대상으로 신청자를 접수하고 그 중 남자 15명과 여자 15명을 무작위로 선정하였다.
> • 두 개의 컵을 마련하여 하나는 1로 표기하고 다른 하나는 2로 표기하여 회사이름을 가렸다.
> • 참가직원들은 1번 컵의 생수를 마신 후 2번 컵의 생수를 마시고 둘 중 어느 쪽을 선호하는지 표시하였다.

─────── 〈보기〉 ───────

> ㉠ 참가자들이 특정 번호를 선호할 가능성을 고려하지 못하였다.
> ㉡ 참가자가 무작위로 선정되었으므로 전체 직원에 대한 대표성이 확보되었다.
> ㉢ 참가자의 절반은 2번 컵을 먼저 마시고 1번 컵을 나중에 마시도록 했어야 한다.
> ㉣ 우리나라의 남녀 비율이 50대 50이므로 남자직원과 여자직원을 동수로 뽑은 것은 적절하였다.

① ㉠, ㉡
② ㉠, ㉢
③ ㉡, ㉢
④ ㉡, ㉣

3 다음은 수미의 소비상황과 각종 신용카드 혜택 정보이다. 수미가 가장 유리한 하나의 신용카드만을 결제 수단으로 사용할 때 적절한 소비수단은?

- 뮤지컬, ○○ 테마파크 및 서점은 모두 B 신용카드의 문화 관련업에 해당한다.
- 신용카드 1포인트는 1원이고, 문화상품권 1매는 1만 원으로 가정한다.
- 혜택을 금전으로 환산하여 액수가 많을수록 유리하다.
- 액수가 동일한 경우 할인혜택, 포인트 적립, 문화상품권 지급 순으로 유리하다.
- 혜택의 액수 및 혜택의 종류가 동일한 경우 혜택 부여시기가 빠를수록 유리하다(현장 할인은 결제 즉시 할인되는 것을 말하며, 청구할인은 카드대금 청구 시 할인 되는 것을 말한다).

〈수미의 소비상황〉

서점에서 여행서적(정가 각 3만 원) 3권과 DVD 1매(정가 1만 원)를 구입(직전 1개월 간 A신용카드 사용금액은 15만 원이며, D신용카드는 가입 후 미사용 상태임)

〈각종 신용카드의 혜택〉

A 신용카드	○○테마파크 이용 시 본인과 동행 1인의 입장료의 20% 현장 할인(단, 직전 1개월 간 A신용카드 사용금액이 30만 원 이상인 경우에 한함)
B 신용카드	문화 관련 가맹업 이용 시 총액의 10% 청구 할인(단, 할인되는 금액은 5만 원을 초과할 수 없음)
C 신용카드	이용 시마다 사용금액의 10%를 포인트로 즉시 적립. 사용금액이 10만 원을 초과하는 경우에는 사용금액의 20%를 포인트로 즉시 적립
D 신용카드	가입 후 2만 원 이상에 상당하는 도서류(DVD 포함) 구매 시 최초 1회에 한하여 1만 원 상당의 문화상품권 증정(단, 문화상품권은 다음달 1일에 일괄 증정)

① A 신용카드
② B 신용카드
③ C 신용카드
④ D 신용카드

4 甲회사 인사부에 근무하고 있는 H부장은 각 과의 요구를 모두 충족시켜 신규직원을 배치하여야 한다. 각 과의 요구가 다음과 같을 때 홍보과에 배정되는 사람은 누구인가?

〈신규직원 배치에 대한 각 과의 요구〉
• 관리과 : 5급이 1명 배정되어야 한다.
• 홍보과 : 5급이 1명 배정되거나 6급이 2명 배정되어야 한다.
• 재무과 : B가 배정되거나 A와 E가 배정되어야 한다.
• 총무과 : C와 D가 배정되어야 한다.

〈신규직원〉
• 5급 2명(A, B)
• 6급 4명(C, D, E, F)

---

① A
② B
③ C와 D
④ E와 F

|5-6| 다음은 ○○협회에서 주관한 학술세미나 일정에 관한 것으로 다음 세미나를 준비하는 데 필요한 일, 각각의 일에 걸리는 시간, 일의 순서 관계를 나타낸 표이다. 제시된 표를 바탕으로 물음에 답하시오. (단, 모든 작업은 동시에 진행할 수 없다)

■ 세미나 준비 현황

구분	작업	작업시간(일)	먼저 행해져야 할 작업
가	세미나 장소 세팅	1	바
나	현수막 제작	2	다, 마
다	세미나 발표자 선정	1	라
라	세미나 기본계획 수립	2	없음
마	세미나 장소 선정	3	라
바	초청자 확인	2	라

5 현수막 제작을 시작하기 위해서는 최소 며칠이 필요하겠는가?

① 3일 　　　　　　　　② 4일

③ 5일 　　　　　　　　④ 6일

6 세미나 기본계획 수립에서 세미나 장소 세팅까지 모든 작업을 마치는 데 필요한 시간은?

① 10일 　　　　　　　② 11일

③ 12일 　　　　　　　④ 13일

7 사과 사탕, 포도 사탕, 딸기 사탕이 각각 2개씩 있다. 甲~戊 다섯 명의 사람 중 한 명이 사과 사탕 1개와 딸기 사탕 1개를 함께 먹고, 다른 네 명이 남은 사탕을 각각 1개씩 먹었다. 모두 진실을 말하였다고 할 때, 사과 사탕 1개와 딸기 사탕 1개를 함께 먹은 사람과 戊가 먹은 사탕을 옳게 짝지은 것은?

甲 : 나는 포도 사탕을 먹지 않았어.

乙 : 나는 사과 사탕만을 먹었어.

丙 : 나는 사과 사탕을 먹지 않았어.

丁 : 나는 사탕을 한 종류만 먹었어.

戊 : 너희 말을 다 듣고 아무리 생각해봐도 나는 딸기 사탕을 먹은 사람 두 명 다 알 수는 없어.

---

① 甲, 포도 사탕 1개

② 甲, 딸기 사탕 1개

③ 丙, 포도 사탕 1개

④ 丙, 딸기 사탕 1개

8 다음 조건을 바탕으로 할 때 정 대리가 이번 달 중국 출장 출발일로 정하기에 가장 적절한 날은 언제인가? (전체 일정은 모두 이번 달 안에 속해 있다.)

- 이번 달은 1일이 월요일인 달이다.
- 3박 4일 일정이며 출발일과 도착일이 모두 휴일이 아니어야 한다.
- 현지에서 복귀하는 비행편은 매주 화, 목요일에만 있다.
- 이번 달 셋째 주 화요일에 있을 부서의 중요한 회의에 반드시 참석해야 하며, 회의 후에 출장을 가려 한다.

---

① 12일   ② 15일

③ 17일   ④ 22일

9 다음은 유진이가 학교에 가는 요일에 대한 설명이다. 이들 명제가 모두 참이라고 가정할 때, 유진이가 학교에 가는 요일은?

> ㉠ 목요일에 학교에 가지 않으면 월요일에 학교에 간다.
> ㉡ 금요일에 학교에 가지 않으면 수요일에 학교에 가지 않는다.
> ㉢ 수요일에 학교에 가지 않으면 화요일에 학교에 간다.
> ㉣ 월요일에 학교에 가면 금요일에 학교에 가지 않는다.
> ㉤ 유진이는 화요일에 학교에 가지 않는다.

① 월, 수   ② 월, 수, 금
③ 수, 목, 금   ④ 수, 금

10 다음 조건을 읽고 〈보기〉에서 옳은 설명을 고르면?

> • 과일 A에는 씨가 2개, 과일 B에는 씨가 1개 있다.
> • 철수와 영수는 각각 과일 4개씩을 먹었다.
> • 철수는 영수보다 과일 A를 1개 더 먹었다.
> • 철수는 같은 수로 과일 A와 B를 먹었다.

――――――― 〈보기〉 ―――――――

A : 영수는 B과일을 3개 먹었다.
B : 두 사람이 과일을 다 먹고 나온 씨의 개수 차이는 1개이다.

① A만 옳다.   ② B만 옳다.
③ A와 B 모두 옳다.   ④ A와 B 모두 그르다.

11 다음 글의 내용을 참고할 때, 빈 칸에 들어갈 가장 적절한 말은 어느 것인가?

사람을 비롯한 포유류에서 모든 피를 만드는 줄기세포는 뼈에 존재한다. 그러나 물고기의 조혈 줄기세포(조혈모세포)는 신장에 있다. 신체의 특정 위치 즉 '조혈 줄기세포 자리(blood stem cell niche)'에서 피가 만들어진다는 사실을 처음 알게 된 1970년대 이래, 생물학자들은 생물들이 왜 서로 다른 부위에서 이 기능을 수행하도록 진화돼 왔는지 궁금하게 여겨왔다. 그 40년 뒤, 중요한 단서가 발견됐다. 조혈 줄기세포가 위치한 장소는 (   ) 진화돼 왔다는 사실이다.

이번에 발견된 '조혈 줄기세포 자리' 퍼즐 조각은 조혈모세포 이식의 안전성을 증진시키는데 도움이 될 것으로 기대된다. 연구팀은 실험에 널리 쓰이는 동물모델인 제브라피쉬를 관찰하다 영감을 얻게 됐다.

프리드리히 카프(Friedrich Kapp) 박사는 "현미경으로 제브라피쉬의 조혈 줄기세포를 관찰하려고 했으나 신장 위에 있는 멜라닌세포 층이 시야를 가로막았다"고 말했다. 멜라닌세포는 인체 피부 색깔을 나타내는 멜라닌 색소를 생성하는 세포다.

카프 박사는 "신장 위에 있는 멜라닌세포의 모양이 마치 파라솔을 연상시켜 이 세포들이 조혈줄기세포를 자외선으로부터 보호해 주는 것이 아닐까 하는 생각을 하게 됐다"고 전했다. 이런 생각이 들자 카프 박사는 정상적인 제브라피쉬와 멜라닌세포가 결여된 변이 제브라피쉬를 각각 자외선에 노출시켰다. 그랬더니 변이 제브라피쉬의 조혈 줄기세포가 줄어드는 현상이 나타났다. 이와 함께 정상적인 제브라피쉬를 거꾸로 뒤집어 자외선을 쬐자 마찬가지로 줄기세포가 손실됐다.

이 실험들은 멜라닌세포 우산이 물리적으로 위에서 내리쬐는 자외선으로부터 신장을 보호하고 있다는 사실을 확인시켜 주었다.

① 줄기세포가 햇빛과 원활하게 접촉할 수 있도록
② 줄기세포에 일정한 양의 햇빛이 지속적으로 공급될 수 있도록
③ 멜라닌 색소가 생성되기에 최적의 공간이 형성될 수 있도록
④ 햇빛의 자외선으로부터 이 줄기세포를 보호하도록

12 다음 글의 문맥상 빈칸에 들어갈 말로 가장 적절한 것은?

기본적으로 전기차의 충전수요는 주택용 및 직장용 충전방식을 통해 상당부분 충족될 수 있다. 집과 직장은 우리가 하루 중 대부분의 시간을 보내는 장소이며, 그만큼 우리의 자동차가 가장 많은 시간을 보내는 장소이다. 그러나 서울 및 대도시를 포함하여, 전국적으로 주로 아파트 등 공동주택에 거주하는 가구비중이 높은 국내 현실을 감안한다면, 주택용 충전방식의 제약은 단기적으로 해결하기는 어려운 것이 또한 현실이다. 더욱이 우리가 자동차를 소유하고 활용할 때 직장으로의 통근용으로만 사용하지는 않는다. 때론 교외로 때론 지방으로 이동할 때 자유롭게 활용 가능해야 하며, 이때 (   ), 전기차의 시장침투는 그만큼 제약될 수밖에 없다. 직접 충전을 하지 않더라도 적어도 언제 어디서나 충전이 가능하다는 인식이 자동차 운전자들에게 보편화되지 않는다면, 배터리에 충전된 전력이 다 소진되어, 도로 한가운데서 꼼짝달싹할 수 없게 될 수도 있다는 두려움, 즉 주행가능거리에 대한 우려로 인해 기존 내연기관차에서 전기차로의 전환은 기피대상이 될 수밖에 없다.

결국 누구나 언제 어디서나 접근이 가능한 공공형 충전소가 도처에 설치되어야 하며, 이를 체계적으로 운영 관리하여 전기차 이용자들이 편하게 사용할 수 있는 분위기 마련이 시급하다. 이를 위해서는 무엇보다 전기차 충전서비스 시장이 두터워지고, 잘 작동해야 한다.

① 이동하고자 하는 거리가 너무 멀다면
② 충전 요금이 과도하게 책정된다면
③ 전기 차 보급이 활성화되어 있지 않다면
④ 기존 내연기관차보다 불편함이 있다면

이것은 퍽 우려할 일이다. 즉, 위에서 본 현대 사회의 중요한 문제들에 접해서 많은 선택과 결정을 내려야 할 사람들이 이들 문제의 바탕이 되는 과학의 내용을 이해하기는커녕, 접근하기조차 힘들 정도로 과학이 일반 지식인들로부터 유리(遊離)된 것은 커다란 문제인 것이다. 더구나 이런 실정이 쉽게 해결되기가 힘든 뚜렷한 이유, 즉 과학의 내용 자체가 가지는 어려움은 계속 존재하거나 심해질 것이기 때문에 문제는 더욱 심각하다.

그러나 이러한 과학의 유리 상태를 심화시키는 데에 과학 내용의 어려움보다도 더 크게 작용하는 것은 과학에 관해 널리 퍼져 있는 잘못된 생각이다. 흔히들 현대 사회의 많은 문제들이 과학의 책임인 것으로 생각한다. 즉, 과학이 인간의 윤리나 가치 같은 것은 무시한 채 맹목적으로 발전해서 많은 문제들 예를 들어, 무기 개발, 전쟁 유발, 환경 오염, 인간의 기계화, 생명의 존귀성 위협을 야기(惹起)시키면서도 이에 대해서 아무런 책임을 지지 않고 있다는 생각이 그것이다.

대부분의 경우, 이런 생각의 바탕에는 과학이 가치 중립적(價値中立的)이거나 혹은 가치와 무관하다는 명제(命題)가 깔려 있다. 물론, 과학이 가치 중립적이라는 생각은 여러 의미에서 타당한 생각이며 실제로 많은 사람들이 받아들이는 생각이다. 최근에 와서 이에 회의(懷疑)를 표시하는 사람들도 거의 대부분이 명제 자체를 부정하는 것보다는 과학에 가치 중립적이 아닌 측면도 있음을 보이는 데에 그친다. 그러나 일반 사람들이 위의 문제들에 관한 책임을 과학에 돌리면서 흔히 가지는 생각은 과학의 가치 중립성에 대한 잘못된 이해에서 연유할 때가 많다.

과학이 가치 중립적이라는 말은 크게 보아서 다음 두 가지의 의미를 지니고 있다. 첫째는 자연 현상을 기술하는 데에 있어서 얻게 되는 과학의 법칙이나 이론으로부터 개인적 취향(趣向)이나 가치관에 따라 결론을 취사 선택할 수 없다는 점이고, 둘째는 과학으로부터 얻은 결론, 즉 과학 지식이 그 자체로서 가치에 대한 판단이나 결정을 내려 주지 못한다는 점이다.

사람에 따라서는 이 중 첫째는 수긍하면서 둘째에 대해서는 반론(反論)을 제기하기도 한다. 예를 들어, 그들은 인간의 질병 중 어떤 것이 유전(遺傳)한다는 유전학의 지식이 유전성 질병이 있는 사람은 아기를 낳지 못하게 해야 한다는 결론을 내린다고 생각한다. 즉, 과학적 지식이 인간의 문제에 관하여 결정을 내려 준다고 생각한다. 그러나 보다 주의 깊게 살펴보면 이것이 착각이라는 것은 분명하다.

13 이 글의 내용과 일치하지 않는 것은?

① 과학은 가치중립적이다.
② 과학은 인간의 문제에 대해 결정을 내려주지 못한다.
③ 현대의 모든 문제는 과학으로부터 해결 방안을 찾을 수 있다.
④ 흔히 현대 사회의 많은 문제들이 과학의 책임이라고 생각한다.

14 이 글 다음에 이어질 내용으로 적절한 것은?

① 과학의 발달 과정을 자세히 살펴보아야 한다.
② 인간에 관한 모든 문제는 과학이 책임져야 한다.
③ 인간과 사회의 모든 문제점을 검토해 봐야 한다.
④ 인간 문제에 관해 결정을 내리는 것은 인간 자신이다.

15 제시된 문장을 글의 흐름이 자연스럽도록 순서대로 배열한 것을 고르면?

> ㈎ 그 덕분에 인류의 문명은 발달될 수 있었다.
> ㈏ 그 대신 사람들은 잠을 빼앗겼고 생물들은 생체 리듬을 잃었다.
> ㈐ 인간은 오랜 세월 태양의 움직임에 따라 신체 조건을 맞추어 왔다.
> ㈑ 그러나 밤에도 빛을 이용해 보겠다는 욕구가 관솔불, 등잔불, 전등을 만들어 냈고, 이에 따라 밤에 이루어지는 인간의 활동이 점점 많아졌다.

① ㈎ - ㈏ - ㈐ - ㈑   ② ㈏ - ㈎ - ㈑ - ㈐
③ ㈐ - ㈑ - ㈎ - ㈏   ④ ㈑ - ㈐ - ㈏ - ㈎

┃16-17┃ 다음 글을다음 글을 읽고 물음에 답하시오.

인간 생활에 있어서 웃음은 하늘의 별과 같다. 웃음은 별처럼 한 가닥의 광명을 던져 주고, 신비로운 암시도 풍겨 준다. 웃음은 또한 봄비와도 같다. 이것이 없었던들 인생은 벌써 사막이 되어 버렸을 것인데, 감미로운 웃음으로 하여 인정의 초목은 무성을 계속하고 있는 것이다. 웃음에는 여러 가지 색채가 있다. 빙그레 웃는 파안대소가 있는가 하면, 갈갈대며 웃는 박장대소가 있다. 깨가 쏟아지는 간간대소가 있는가 하면, 허리가 부러질 정도의 포복절도 있다. 이러한 종류의 웃음들은 우리 인생에 해로운 것이 조금도 없다. 그러나 웃음이 언제나 우리를 복된 동산으로만 인도하는 것은 아니다. 남을 깔보고 비웃는 냉소도 있고, 허풍도 떨고 능청을 부리는 너털웃음도 있다. 대상을 유혹하기 위하여 눈초리에 간사가 흐르는 눈웃음이 있는가 하면, 상대방의 호기심을 사기 위하여 지어서 웃는 선웃음이라는 것도 있다. 사람이 기쁠 때 웃고 슬플 때 운다고만 생각하면 잘못이다. 기쁨이 너무 벅차면 눈물이 나고 슬픔이 극도에 이르면 도리어 기막힌 웃음보가 터지지 않을 수 없다. 이것은 탄식의 웃음이요, 절망의 웃음이다.

㉠ 그러나 이것은 극단의 예술이요, 대체로 슬플 때 울고, 기쁠 때 웃는 것이 정상이요 일반적이 아닐 수 없다. 마음속에 괴어오르는 감정을 표면에 나타내지 않는 것으로써 군자의 덕을 삼는 동양에서는, 치자다소(痴者多笑)라 하여, 너무 헤프게 웃는 것을 경계하여 왔다. 감정적 동물인 인간으로부터, 희로애락(喜怒哀樂)을 불현어외(不顯於外)*하는 신의 경지에까지 접근하려는 노력과 욕구에서 오는 기우(杞憂)가 아니었을까.

* 불현어외(不顯於外) : 밖으로 드러내지 않음.

---

16 이 글에 대한 설명으로 적절하지 않은 것은?

① 웃음을 다양한 관점에서 고찰하고 있다.

② 웃음을 인격 완성의 조건으로 보고 있다.

③ 예리한 관찰과 비유적 표현이 나타나 있다.

④ 웃음의 의미를 삶과 관련지어 평가하고 있다.

17 ㉠에서 글쓴이가 경계하고 있는 삶의 태도는?

① 예의를 갖추지 않고 함부로 행동하는 태도

② 감정을 속여서 남에게 피해를 주려는 태도

③ 상황 판단을 못하여 비정상적인 감정을 표현하려는 태도

④ 체면을 중시하여 감정을 제대로 표현하지 않으려는 태도

18 다음 글을 통해 알 수 있는 것은?

> 조선시대 우리의 전통적인 전술은 흔히 장병(長兵)이라고 불리는 것이었다. 장병은 기병(騎兵)과 보병(步兵)이 모두 궁시(弓矢)나 화기(火器) 같은 장거리 무기를 주무기로 삼아 원격전(遠隔戰)에서 적을 제압하는 것이 특징이었다. 이에 반해 일본의 전술은 창과 검을 주무기로 삼아 근접전(近接戰)에 치중하였기 때문에 단병(短兵)이라 일컬어졌다. 이러한 전술상의 차이로 인해 임진왜란 이전에는 조선의 전력(戰力)이 일본의 전력을 압도하는 형세였다. 조선의 화기 기술은 고려 말 왜구를 효과적으로 격퇴하는 방도로 수용된 이래 발전을 거듭했지만, 단병에 주력하였던 일본은 화기 기술을 습득하지 못하고 있었다. 그러나 이러한 전력상의 우열관계는 임진왜란 직전 일본이 네덜란드 상인들로부터 조총을 구입함으로써 역전되고 말았다. 일본의 새로운 장병 무기가 된 조총은 조선의 궁시나 화기보다도 사거리나 정확도 등에서 훨씬 우세하였다. 조총은 단지 조선의 장병 무기류를 압도하는데 그치지 않고 일본이 본래 가지고 있던 단병 전술의 장점을 십분 발휘하게 하였다. 조선이 임진왜란 때 육전(陸戰)에서 참패를 거듭한 것은 정치·사회 전반의 문제가 일차적 원인이겠지만, 이러한 전술상의 문제에도 전혀 까닭이 없지 않았던 것이다. 그러나 일본은 근접전이 불리한 해전(海戰)에서 조총의 화력을 압도하는 대형 화기의 위력에 눌려 끝까지 열세를 만회하지 못했다. 일본은 화약무기 사용의 전통이 길지 않았기 때문에 해전에서도 조총만을 사용하였다. 반면 화기 사용의 전통이 오래된 조선의 경우 비록 육전에서는 소형화기가 조총의 성능을 당해내지 못했지만, 해전에서는 함선에 탑재한 대형 화포의 화력이 조총의 성능을 압도하였다. 해전에서 조선 수군이 거둔 승리는 이순신의 탁월한 지휘력에도 힘입은 바 컸지만, 이러한 장병 전술의 우위가 승리의 기본적인 토대가 되었던 것이다.

① 조선의 장병 전술은 고려 말 화기의 수용으로부터 시작되었다.
② 원격전에 능한 조선 장병 전술의 장점이 해전에서 잘 발휘되었다.
③ 장병 무기인 조총은 일본의 근접 전투기술을 약화시켰다.
④ 임진왜란 당시 조선은 육전에서 전력상 우위를 점하고 있었다.

19 다음 글 (가)~(라)의 중심 내용으로 알맞지 않은 것은?

> (가) 표준어는 맞춤법이나 표준 발음의 대상이 된다. 즉, '한글맞춤법'은 "표준어를 소리대로 적되, 어법에 맞도록 함을 원칙으로 한다."고 하였으며, '표준 발음법'은 "표준어의 실제 발음을 따르되, 국어의 전통성과 합리성을 고려하여 정함을 원칙으로 한다."고 하였으니, 올바른 한글 표기와 표준 발음을 하기 위해서 표준어를 꼭 알아야 함은 물론이다.
>
> (나) 표준어를 정해서 쓰면, 모든 국민이 의사소통이 원활하게 되어, 통합이 용이해진다. 또한 표준어를 통하여 지식이나 정보를 얻을 수 있고, 문화생활도 누릴 수 있다. 그리고 교육적인 면에서도 효율적이며, 국어 순화에도 기여할 수 있다.
>
> (다) 표준어가 아닌 말은 모두 방언이라고 하는데, 방언 중에서 지역적 요인에 의한 것을 지역 방언이라고 하고, 사회적 요인에 의한 것을 사회 방언 또는 계급 방언이라고 한다. 그러나 좁은 의미에서의 방언은 지역 방언만을 의미한다. 지역 방언은 동일한 언어를 사용하는 사람들이 서로 다른 지역에서 살게 되면서 변이된 것이다. 그러므로 가까운 거리의 지역보다는 먼 지역 간의 방언 차이가 더 크며, 교통이 잘 발달되지 않은 지역이나, 옛날에 다른 나라에 속했던 지역 간에도 방언의 차이가 크게 나타난다.
>
> (라) 사회 방언은 언어의 사회적 요인에 의한 변이가 나타난 것인데, 대체로 계층, 세대, 성별, 학력, 직업 등이 중요한 사회적 요인이다. 사회 방언의 예를 들면, '물개'는 군인들이 '해군'을 의미하는 말로 쓰며, '낚다, 건지다'는 신문이나 방송에 종사하는 사람들이 '(좋은) 기사를 취재하다'라는 의미로 사용한다.

① (가) : 표준어의 기능
② (나) : 표준어 사용의 이점
③ (다) : 방언의 분류
④ (라) : 방언의 폐해

20 다음 상황을 나타내는 말로 가장 적절한 것은?

> 생체를 얼리고 녹이는 기술이 빠른 속도로 발전하면서 냉동 인간의 소생 가능성에 대한 관심이 높아지고 있다. 현재의 저온 생물학 기술은 1948년 인간의 정자를 최초로 냉동하는 데 성공한 이래, 크기가 가장 큰 세포인 난자에 대해서도 성공을 거두고 있다.
>
> 지금까지 개발된 세계 최고의 생체 냉동 기술은 세포 수준을 넘은 강낭콩 크기만한 사람의 난소를 얼려 보관한 뒤 이를 다시 녹여서 이식해 임신하도록 하는 수준이다. 이것 역시 한국의 의사들이 일궈낸 것이다. 이제 냉동 인간에 대한 꿈은 세포 수준을 넘어 조직까지 그 영역을 넓히고 있다. 하지만 인체가 이보다 수백, 수천 배 큰 점을 감안하면 통째로 얼린 뒤 되살리는 기술의 개발에는 얼마나 긴 세월이 필요할지 짐작하기 힘들다. 한편 냉동 인간은 기술 개발과는 별개로 윤리적 문제도 야기하리라 예상된다. 냉동시킨 사람이 나중에 살아난 경우 친인척 사이에 연배 혼란이 생길 수 있고, 한 인간으로서의 손엄성을 인성받기가 곤란하냐는 것이다. 특히 뇌만 냉동 보관하는 경우 뇌세포에서 체세포 복제 기술로 몸을 만들어 내야 하는 문제도 발생할 수 있다. 어쩌면 냉동 인간은 최근의 생명 복제 기술처럼 또 다른 윤리적 문제를 잉태한 채 탄생을 준비하고 있는지도 모른다.

① 양날의 칼
② 물 위의 기름
③ 어둠 속의 등불
④ 유리벽 속의 보석

21 다음은 ××공단에서 신규로 등록한 장애인 보장용구인 A제품에 대한 사용자들의 응답을 토대로 평점을 기록한 표이다. 다음 중 A제품의 평균 평점으로 올바른 것은 어느 것인가?

평점 구분	응답자 수
20점 미만	12명
20점 ~ 40점 미만	15명
40점 ~ 60점 미만	28명
60점 ~ 80점 미만	36명
80점 ~ 100점 미만	14명
100점	25명
합계	130명

① 약 63.5점

② 약 65.3점

③ 약 66.4점

④ 약 67.2점

22 A는 회사의 영업사원으로 매월 기본급 300만 원에 총 판매 이익의 5%를 수당으로 받는다. 판매 제품의 정가가 5만 원이고, 20%의 이익이 남는다고 할 때 A의 월급이 450만 원이 되려면 한 달 동안 몇 개를 판매해야 하는가?

① 2,000개

② 2,500개

③ 3,000개

④ 3,500개

23 수박 50개는 20%의 이익을 남기며 팔고, 복숭아 30개는 40% 이익을 남기며 팔았다. 수박은 모두 팔았고, 복숭아는 10개는 못 팔고 남아, 남은 복숭아는 10%의 이익을 남기며 팔았다. 수박이 원래 500원이었고, 모두 판매한 시점에 총 69,000원을 벌었다면 복숭아는 원래 얼마였는가?

① 800원

② 850원

③ 900원

④ 1,000원

24 H전자는 올해 10,000대의 TV를 판매하였다. TV 한 대를 판매할 때마다 복권 한 장씩 고객에게 주었는데, 연말에 추첨하여 다음과 같은 상금을 주려고 한다. 이 쿠폰 한 장의 기댓값은 얼마인가?

상금	쿠폰의 수
10,000,000	1
5,000,000	2
1,000,000	10
100,000	100
10,000	1,000

① 5,000원

② 10,000원

③ 50,000원

④ 100,000원

25 다음은 A, B, C 3개 지역의 커피 전문점 개수 현황을 나타낸 표이다. Y−3년의 커피 전문점 개수를 지역 순서대로 올바르게 나열한 것은 어느 것인가?

(단위 : %, 개)

	Y−3년 대비 Y−2년의 증감률	Y−2년의 Y−1년 대비 증감 수	Y−1년의 Y년 대비 증감 수	Y년의 개수
A지역	10	−3	1	35
B지역	15	2	−2	46
C지역	12	−5	3	30

① 30, 40, 25개
② 32, 42, 25개
③ 30, 45, 20개
④ 35, 40, 26개

26 형과 동생은 함께 집안 정리를 하려고 한다. 형 혼자 정리를 하면 30분, 동생 혼자 정리를 하면 20분이 걸린다. 처음 10분 동안은 두 형제가 함께 정리를 하고 남은 일은 형 혼자 정리를 하게 된다면 집안 정리를 끝마치는 데 걸리는 총 시간은 얼마인가?

① 13분
② 15분
③ 18분
④ 20분

27 다음 자료를 참고할 때, 산림율이 가장 큰 국가부터 순서대로 알맞게 나열된 것은 어느 것인가? (모든 수치는 반올림하여 소수 첫째 자리까지 표시함)

(단위 : 만 명, 명/㎢)

국가	인구수	인구밀도	산림 인구밀도
갑	1,200	24	65
을	1,400	36	55
병	2,400	22	30
정	3,500	40	85

* 인구밀도=인구수÷국토 면적
* 산림 인구밀도=인구수÷산림 면직
* 산림율=산림 면적÷국토 면적×100

① 병 – 을 – 정 – 갑
② 을 – 병 – 정 – 갑
③ 병 – 을 – 갑 – 정
④ 병 – 정 – 을 – 갑

28 2011년의 총 자동차 대수가 1천만 대였으며, 교통사고 발생률이 3.1%였다라고 가정해보자. 그렇다면 2020년의 총 자동차 교통사고 발생률이 1.7%로 2021년과 교통사고 건수가 동일하다하고 가정할 때, 2020년의 총 자동차 대수는 몇 대로 예상되어지는가? (반올림하여 천의 자리까지 표시함)

① 17,508천 대
② 17,934천 대
③ 18,011천 대
④ 18,235천 대

29 A와 B가 형태가 네모인 운동장을 뛰려고 하고 있다. 서로 반대 방향으로 뛰면, 16분 후에 다시 만난다. A의 속력은 100m/분, B의 속력이 70m/분이라면 운동장의 둘레는 몇 m인가?

① 2,500m

② 2,580m

③ 2,680m

④ 2,720m

30 농도 10%의 소금물 500g에 8%의 소금물을 섞었다. 이 소금물에서 물 30g을 증발시키고 나니, 9%의 소금물이 되었다. 8%의 소금물을 몇 g 섞은 것인가?

① 660g

② 770g

③ 880g

④ 990g

자원관리능력

31 변두리에 있는 R호텔은 3개 층으로 이루어져 있고 한 층에 4개의 방이 일렬로 있어 최대 12팀의 투숙객을 맞을 수 있다. 방의 호수가 101, 102~304호까지 지정되어 있고, 모든 객실이 비어 있는 어느 날 다음과 같은 운동부 선수단이 8개의 방에 투숙하게 되었다. 아래 〈보기〉를 근거로 할 때, 다음 중 올바른 설명은 어느 것인가? (다른 투숙객은 없다고 가정한다.)

─〈보기〉─

a. 선수단은 2인 1조가 되어 A~H까지 8개 조가 조별로 한 개의 방을 사용한다.
b. 연이은 3개의 객실 사용은 1개 층에만 있고, 연이은 4개의 객실 사용은 없다.
c. B조와 D조, G조와 F조는 각각 같은 라인에 있다(방 번호 맨 뒤의 숫자가 같다).
d. E조의 방과 B조의 방은 가장 멀리 떨어져 있는 두 개의 방이다.
e. C조의 방과 한 개의 빈 방은 가장 멀리 떨어져 있는 두 개의 방이다.
f. H조는 102호이며 윗층과 옆방에는 각각 A조와 E조가 투숙해 있다.
g. 연이은 2개의 빈 방은 없다.

① F조가 103호에 투숙했다면 303호는 빈 방이다.
② H조는 D조와 같은 층에 투숙한다.
③ F조는 C조와 같은 층에 투숙할 수 없다.
④ G조의 방과 F조의 방 사이에는 빈 방이 있다.

32 다음은 이륜차 배달종사자가 숙지해야 할 계절적, 환경적 요인에 의한 배달제한 권고사항이다. 이를 근거로 〈보기〉의 A, B 상황에 맞는 배달제한 권고사항을 순서대로 적절히 나열한 것은 어느 것인가?

구분	상황	배달지역 제한(최대 2km)
비 오는 날	비가 내려 노면이 젖은 경우	–
	폭우 등으로 인해 가시거리 100m 이내의 경우	1.5km 이내
	시간당 15mm이상, 1일 강수량 110mm 이상, 호우주의보 발령 시	1km 이내
	시간당 20mm이상, 1일 강수량 180mm 이상, 호우경보 발령 시	배달 금지
눈 오는 날	눈이 2cm 미만 쌓인 경우	–
	눈이 2cm 이상 쌓인 경우	1.5km 이내
	눈이 내려 노면이 미끄러워 체인(사슬형, 직물형) 장착한 경우	1.5km 이내
	대설주의보 발령 시	1km 이내
	대설경보 발령 시	배달 금지
기타	안개, 연무, 박무 등으로 인해 가시거리 100m 이내의 경우	1.5km 이내
	야간운전 시	–

* 호우주의보 – 6시간 70mm, 12시간 110mm 이상 강수

  호우경보 – 6시간 110mm, 12시간 180mm 이상 강수

  대설주의보 – 24시간 적설량이 5cm 이상

  대설경보 – 24시간 적설량이 20cm 이상

───────── 〈보기〉 ─────────

A : 출근길에 내린 비로 가시거리가 100m도 채 안 되었고, 새벽 4시경부터 내리기 시작한 비의 아침 9시쯤 강수량이 75mm였다.

B : 가게 주변 도로는 상인들이 수시로 눈을 치워 거의 쌓이지 않은 상태이며, 이륜차 바퀴에 체인을 장착해 두었다. 어제 이맘때부터 내린 눈은 23cm의 적설량을 보이고 있다.

① 1.5km 거리로 배달 제한, 1km 거리로 배달 제한

② 1.5km 거리로 배달 제한, 배달 금지

③ 1km 거리로 배달 제한, 1.5km 거리로 배달 제한

④ 1km 거리로 배달 제한, 배달 금지

33 다음 중 조직에서 인적자원이 예산이나 물적 자원보다 중요한 이유로 적절하지 않은 것은?

① 예산이나 물적 자원을 활용하는 것이 바로 사람, 즉 인적자원이기 때문에
② 수동적인 예산이나 물적 자원에 비해 능동적이기 때문에
③ 개발될 수 있는 많은 잠재능력과 자질을 보유하고 있기 때문에
④ 조직의 영리 추구에 부합하는 이득은 인적자원에서만 나오기 때문에

34 우리는 주어진 자원을 효과적으로 활용하는 것보다 의미 없이 낭비하게 되는 일을 주변에서 훨씬 더 많이 겪게 된다. 다음 중 이러한 자원들을 낭비하게 하는 요인으로 가장 적절하지 않은 것은?

① 타인의 의견을 제대로 경청하여 좋은 것을 받아들이려는 열린 마음이 부족하다.
② 자원을 효과적으로 관리하고 싶어도 어떤 좋은 방법이 있는지 제대로 알지 못한다.
③ 무엇이 자원인지 인식하지 못하거나 알아도 왜 중요한지를 잘 이해하지 못한다.
④ 편하고 쉬운 일만을 우선적으로 찾아 하게 되는 습성이 있다.

35 홍보팀장은 다음 달 예산안을 정리하며 예산 업무 담당자에게 간접비용이 전체 직접비용의 30%를 넘지 않게 유지되도록 관리하라는 지시를 내렸다. 홍보팀의 다음과 같은 예산안에서 빈칸 A와 B에 들어갈 수 있는 금액으로 적당한 것은 어느 것인가?

〈예산안〉
• 원 재료비 : 1억 3천만 원
• 보험료 : 2천 5백만 원
• 장비 및 시설비 : 2억 5천만 원
• 시설 관리비 : 2천 9백만 원
• 출장비 : (A)
• 광고료 : (B)
• 인건비 : 2천 2백만 원
• 통신비 : 6백만 원

① A : 6백만 원, B : 7천만 원　　② A : 8백만 원, B : 6천만 원
③ A : 1천만 원, B : 7천만 원　　④ A : 5백만 원, B : 7천만 원

36 다음 ㈎~㈊ 중 시간계획을 함에 있어 명심하여야 할 사항으로 적절하지 않은 설명을 모두 고른 것은?

㈎ 자신에게 주어진 시간 중 적어도 60%는 계획된 행동을 해야 한다.

㈏ 계획은 다소 어렵더라도 의지를 담은 목표치를 반영한다.

㈐ 예정 행동만을 계획하는 것이 아니라 기대되는 성과나 행동의 목표도 기록한다.

㈑ 여러 일 중에서 어느 일이 가장 우선적으로 처리해야 할 것인가를 결정한다.

㈒ 유연하고 융통성 있는 시간계획을 정하기보다 가급적 변경 없이 계획대로 밀고 나갈 수 있어야한다.

㈓ 예상 못한 방문객 접대, 전화 등의 사건으로 예정된 시간이 부족할 경우를 대비하여 여유시간을 확보한다.

㈔ 반드시 해야 할 일을 끝내지 못했을 경우, 다음 계획에 영향이 없도록 가급적 빨리 잊는다.

㈕ 자기 외의 다른 사람(비서, 부하, 상사)의 시간 계획을 감안하여 계획을 수립한다.

① ㈎, ㈏, ㈔

② ㈐, ㈒, ㈓

③ ㈏, ㈒, ㈔

④ ㈏, ㈐, ㈒

37 A사는 다음과 같이 직원들의 부서 이동을 단행하였다. 다음 부서 이동 현황에 대한 올바른 설명은?

이동 전 \ 이동 후	영업팀	생산팀	관리팀
영업팀	25	7	11
생산팀	9	16	5
관리팀	10	12	15

① 이동 전과 후의 인원수의 변화가 가장 큰 부서는 생산팀이다.

② 이동 전과 후의 부서별 인원수가 많은 순위는 동일하다.

③ 이동 후에 인원수가 감소한 부서는 1개 팀이다.

④ 가장 많은 인원이 이동해 온 부서는 관리팀이다.

38 연초에 동일한 투자비용이 소요되는 투자계획 A와 B가 있다. A는 금년 말에 10억 원, 내년 말에 20억 원의 수익을 내고, B는 내년 말에만 31억 원의 수익을 낸다. 수익성 측면에서 A와 B를 동일하게 만드는 이자율 수준은 얼마인가?

① 1%

② 5%

③ 10%

④ 15%

39 인적자원 관리의 특징에 관한 다음 ㈎~㈑의 설명 중 그 성격이 같은 것끼리 알맞게 구분한 것은?

㈎ 개인에게 능력을 발휘할 수 있는 기회와 장소를 부여하고, 그 성과를 바르게 평가하고, 평가된 능력과 실적에 대해 그에 상응하는 보상을 주어야 한다.

㈏ 팀 전체의 능력향상, 의식개혁, 사기앙양 등을 도모하는 의미에서 전체와 개체가 균형을 이루어야 한다.

㈐ 많은 사람들이 번거롭다는 이유로 자신의 인맥관리에 소홀히 하는 경우가 많지만 인맥관리는 자신의 성공을 위한 첫걸음이라는 생각을 가져야 한다.

㈑ 효율성을 높이기 위해 팀원의 능력이나 성격 등과 가장 적합한 위치에 배치하여 팀원 개개인의 능력을 최대로 발휘해 줄 것을 기대한다.

---

① ㈎, ㈏ / ㈐, ㈑

② ㈎ / ㈏, ㈐, ㈑

③ ㈎, ㈑ / ㈏, ㈐

④ ㈎, ㈏, ㈑ / ㈐

40 다음 (가)~(라)에 제시된 자원관리의 기본 과정들을 순서에 맞게 재배열한 것은?

(가) 확보된 자원을 활용하여 계획에 맞는 업무를 수행해 나가야 한다. 물론 계획에 얽매일 필요는 없지만 최대한 계획대로 수행하는 것이 바람직하다. 불가피하게 수정해야 하는 경우는 전체 계획에 미칠 수 있는 영향을 고려하여야 할 것이다.

(나) 자원을 실제 필요한 업무에 할당하여 계획을 세워야 한다. 여기에서 중요한 것은 업무나 활동의 우선순위를 고려하는 것이다. 최종적인 목적을 이루는 데 가장 핵심이 되는 것에 우선순위를 두고 계획을 세울 필요가 있다. 만약, 확보한 자원이 실제 활동 추진에 비해 부족할 경우 우선순위가 높은 것에 중심을 두고 계획하는 것이 바람직하다.

(다) 실제 상황에서 그 자원을 확보하여야 한다. 수집 시 가능하다면 필요한 양보다 좀 더 여유 있게 확보할 필요가 있다. 실제 준비나 활동을 하는 데 있어서 계획과 차이를 보이는 경우가 빈번하기 때문에 여유 있게 확보하는 것이 안전할 것이다.

(라) 업무를 추진하는 데 있어서 어떤 자원이 필요하며, 또 얼마만큼 필요한지를 파악하는 단계이다. 자원의 종류에는 크게 시간, 예산, 물적 자원, 인적자원으로 나누어지지만 실제 업무 수행에서는 이보다 더 구체적으로 나눌 필요가 있다. 구체적으로 어떤 활동을 할 것이며, 이 활동에 어느 정도의 시간, 돈, 물적·인적자원이 필요한지를 파악한다.

① (다) − (라) − (나) − (가)
② (라) − (다) − (가) − (나)
③ (가) − (다) − (나) − (라)
④ (라) − (다) − (나) − (가)

문제해결능력

1 다음 중 밑줄 친 ⊙, ⓒ 사회관에 대한 분석으로 옳은 것은?

> 개인과 사회의 관계를 바라보는 상반된 관점이 있다. 하나는 ⊙ 개인은 사회라는 생명체의 한 부분이라는 견해로, 개인은 사회를 배경으로 저마다의 역할을 수행하며 사회를 떠나서는 존재할 수 없다고 본다. 다른 하나는 사회는 개인들이 자신들의 권리를 더 안전하게 지키고 향유하기 위해서 개개인들이 합의하여 만든 존재이기 때문에 ⓒ 개인이 없으면 사회도 존재할 수 없다는 견해이다.

① ⊙에 따르면 개인의 자유와 권리는 제한될 수 없다.
② ⊙에 따르면 개인 간의 상호 작용 분석을 통해 사회를 이해할 수 있다.
③ ⓒ은 자유주의, 개인주의와 맥락을 함께 한다.
④ ⓒ에 따르면 사회는 개인의 외부에서 영향력을 발휘한다.

2 다음의 진술을 참고할 때, 1층~5층 중 각기 다른 층에 살고 있는 사람들의 거주 위치에 관한 설명이 참인 것은 어느 것인가?

> • 을은 갑과 연이은 층에 거주하지 않는다.
> • 병은 무와 연이은 층에 거주하지 않는다.
> • 정은 무와 연이은 층에 거주하지 않는다.
> • 정은 1층에 위치하며 병은 2층에 위치하지 않는다.

① 갑은 5층에 거주한다.
② 을은 5층에 거주한다.
③ 병은 4층에 거주한다.
④ 무가 3층에 거주한다면 병은 5층에 거주한다.

3   다음 조건을 읽고 옳은 설명을 고르면?

- 날씨가 시원하면 기분이 좋다.
- 배고프면 라면이 먹고 싶다.
- 기분이 좋으면 마음이 차분하다.
- '마음이 차분하면 배고프다'는 명제는 참이다.

A : 날씨가 시원하면 라면이 먹고 싶다.
B : 배고프면 마음이 차분하다.

① A만 옳다.
② B만 옳다.
③ A와 B 모두 옳다.
④ A와 B 모두 그르다.

4 A교육연구소 아동청소년연구팀에 근무하는 甲은 다음과 같은 연구를 시행하여 결과를 얻었다. 연구결과를 상사에게 구두로 보고하자 결과를 뒷받침할 만한 직접적인 근거를 추가하여 보고서를 작성해 오라는 지시를 받았다. 다음 〈보기〉 중 근거로 추가할 수 있는 자료를 모두 고른 것은?

[연구개요] 한 아동이 다른 사람을 위하여 행동하는 매우 극적인 장면이 담긴 'Lassie'라는 프로그램을 매일 5시간 이상 시청한 초등학교 1~2학년 아동들은 이와는 전혀 다른 내용이 담긴 프로그램을 시청한 아동들보다 훨씬 더 협조적이고 타인을 배려하는 행동을 보여주었다. 반면에 텔레비전을 통해 매일 3시간 이상 폭력물을 시청한 아동과 청소년들은 텔레비전 속에서 보이는 성인들의 폭력행위를 빠른 속도로 모방하였다.

[연구결과] 텔레비전 속에서 보이는 폭력이 아동과 청소년의 범죄행위를 유발시킬 가능성이 크다.

〈보기〉

ⓐ 전국의 소년교도소에 폭행죄로 수감되어 있는 재소자들은 6세 이후 폭력물을 매일 적어도 4시간 이상씩 시청했었다.

ⓑ 전국의 성인교도소에 폭행죄로 수감되어 있는 재소자들은 6세 이후 폭력물을 매일 적어도 6시간 이상씩 시청했었다.

ⓒ 전국의 소년교도소에 폭행죄로 수감되어 있는 청소년들은 매일 저녁 교도소 내에서 최소한 3시간씩 폭력물을 시청한다.

ⓓ 6세에서 12세 사이에 선행을 많이 하는 아동들이 성인이 되어서도 선행을 많이 한다.

---

① ⓐ

② ⓐ, ⓑ

③ ⓐ, ⓑ, ⓓ

④ ⓑ, ⓒ, ⓓ

5 다음은 5가지의 영향력을 행사하는 방법과 순정, 석일이의 발언이다. 순정이와 석일이의 발언은 각각 어떤 방법에 해당하는가?

〈영향력을 행사하는 방법〉
- 합리적 설득 : 논리와 사실을 이용하여 제안이나 요구가 실행 가능하고, 그 제안이나 요구가 과업 목표 달성을 위해 필요하다는 것을 보여주는 방법
- 연합 전술 : 영향을 받는 사람들이 제안을 지지하거나 어떤 행동을 하도록 만들기 위해 다른 사람의 지지를 이용하는 방법
- 영감에 호소 : 이상에 호소하거나 감정을 자극하여 어떤 제안이나 요구사항에 몰입하도록 만드는 방법
- 교환 전술 : 제안에 대한 지지에 상응하는 대가를 제공하는 방법
- 합법화 전술 : 규칙, 공식적 방침, 공식 문서 등을 제시하여 제안의 적법성을 인식시키는 방법

〈발언〉
- 순정 : 이 기획안에 대해서는 이미 개발부와 재정부가 동의했습니다. 여러분들만 지지해준다면 계획을 성공적으로 완수할 수 있을 것입니다.
- 석일 : 이 기획안은 우리 기업의 비전과 핵심가치들을 담고 있습니다. 이 계획이야말로 우리가 그동안 염원했던 가치를 실현함으로써 회사의 발전을 이룩할 수 있는 기회라고 생각합니다. 여러분이 그동안 고생한 만큼 이 계획은 성공적으로 끝마쳐야 합니다.

---

① 순정 : 합리적 설득, 석일 : 영감에 호소
② 순정 : 연합 전술, 석일 : 영감에 호소
③ 순정 : 연합 전술, 석일 : 합법화 전술
④ 순정 : 영감에 호소, 석일 : 합법화 전술

6 다음 진술이 참이 되기 위해 꼭 필요한 전제를 〈보기〉에서 고르면?

〈진술〉
반장은 반에서 인기가 많다.

─────── 〈보기〉 ───────
⊙ 머리가 좋은 친구 중 몇 명은 반에서 인기가 많다.
ⓒ 얼굴이 예쁜 친구 중 몇 명은 반에서 인기가 많다.
ⓒ 반장은 머리가 좋다.
ⓔ 반장은 얼굴이 예쁘다.
ⓜ 머리가 좋거나 얼굴이 예쁘면 반에서 인기가 많다.
ⓗ 머리가 좋고 얼굴이 예쁘면 반에서 인기가 많다.

① ㄱ, ㄷ   ② ㄴ, ㄹ
③ ㄷ, ㅂ   ④ ㄹ, ㅁ

7 다음 중 주어진 글의 빈칸에 들어갈 단어나 문장으로 가장 적절한 것을 고르면?

　　현대 사회에서 국가는 개인의 권리와 이익에 영향을 주는 다양한 행정 작용을 한다. 이에 따라 국가 활동으로 인해 손해를 입은 개인을 보호할 필요성이 커지게 되었다. 국가배상 제도는 국가 활동으로부터 손해를 입은 개인을 보호하기 위해 국가에게 손해배상 책임을 지운다. 이 제도는 19세기 후반 프랑스에서 법원의 판결 곧 판례에 의해 도입된 이래, 여러 나라에서 법률 또는 판례에 의해 인정되었다. 우리나라도 국가배상법을 제정하여 공무원의 법을 위반한 직무 집행으로 _____.

① 재판에 대한 국가배상 책임을 제한할 필요성이 인정되고 있다.
② 법관이 소신껏 재판 업무에 임할 수 있도록 독립을 보장하고 있다.
③ 법을 위반한 공무원에게 과중한 징계를 내리도록 하고 있다.
④ 손해를 입은 개인에게 국가가 그 손해를 배상하도록 하고 있다.

8 다음 대화에 대한 분석으로 옳은 것은?

> 갑 : A가 군대에 가는 것이 당연하다고 생각해. A도 B와 같이 대한민국 국민이잖아.
> 을 : A가 군대에 의무적으로 가지 않는 대신, 양육으로 인해 B보다 임금이나 승진에서 불평등한 대우를 받고 있어.
> 병 : 내 주변 사람들은 거의 다 A가 군대에 가는 것에 찬성하던데?
> 정 : 그 보다 징병제가 우리 사회에 적합한지에 대해 먼저 생각해 봐야 하지 않을까?

① 갑의 진술은 사실 진술로만 구성되어 있다.
② 을의 진술은 경험적으로 증명이 어렵다.
③ 병은 객관적 태도를 취하고 있다.
④ 정은 성찰적 태도를 취하고 있다.

9 다음 글에 나타난 일탈 이론에 해당하는 내용으로 옳은 것은?

> 사회에는 법 위반에 호의적인 가치와 비호의적인 가치가 모두 존재한다. 따라서 주위 사람들을 보면 법 위반에 호의적인 사람들이 있는가 하면 그렇지 않은 사람들도 있다. 그런데 어떤 사람이 주위 사람들 중에 법 위반에 호의적인 사람과 더 자주 만나고 상호 작용을 하게 되면 법 위반에 호의적인 가치를 갖게 되고 그러한 연유로 범죄를 저지르게 된다.

① 일탈 행동은 상대적으로 규정된다.
② 일탈 행동은 급격한 사회 변화가 원인이 된다.
③ 사회 규범의 통제력 회복을 통해 일탈이 억제된다.
④ 일탈자와의 접촉을 제한함으로써 일탈을 억제할 수 있다.

10 다음 사회 · 문화 현상을 바라보는 관점 A, B에 대한 설명으로 옳지 않은 것은?

> A는 사회 체계를 공통적 가치 아래 안정되어 있다고 보는 데 비해, B에서는 갈등이 내재되어 있어 사회 체계가 근본적으로 불안정하므로 체제 유지보다는 체제의 구조적 변화가 불가피하다고 본다. 또한 A는 사회의 안정과 가치 합의에 관심을 갖는 데 비해, B는 사회 갈등으로 인한 사회 변동에 주로 관심을 갖는다.

① A는 B와 달리 현존하는 사회 체계의 유지를 강조한다.

② B는 A와 달리 사회적 역할이 강제적으로 배분되었다고 본다.

③ B는 A와 달리 지배 집단의 합의에 의해 사회 규범이 제정되었다고 본다.

④ A는 거시적 관점, B는 미시적 관점에 해당한다.

11 다음 글에 나타난 글쓴이의 태도로 적절한 것은?

삶을 수동적으로만 받아들이던 옛 사람이 아니더라도 구름의 모습에 관심을 가질 때, 그 구름이 갖는 어떤 상징을 느끼면, 고르지 못한 인생에 새삼 개탄을 하게 된다. 과학의 발달에 따라 인간의 이지(理智)가 모든 불합리성을 거부하게 되었다 할지라도, 이 '느낌'이란 것을 어찌할 수 없어, 우리는 지금도 달이라면 천체(天體) 사진을 통하여 본 달의 죽음의 지각(地殼)보다도, 먼저 계수나무의 환상을 머리에 떠올린다.

고도한 과학력은 또 인공운(人工雲)을 조성하여, 인공 강우까지도 가능케 하리라 한다. 그러나 인간의 의지로 발생한 인공 수정(人工受精)된 생명도 자연 생명과 같은 삶을 이어 갈 수밖에 없듯이, 인공으로 이루어졌다 하더라도 우리에게 오는 느낌은 자연운(自然雲)과 같은 허무(虛無) 그것일 뿐이다.

식자(識者)는 혹 이런 느낌을 황당하다고 웃을지 모르나, 그 옛날 나의 어린 정서를 흔들고 키워 준 구름에서 이제 나이 먹어 지친 지금은 또 다른 의미를 찾고자 한다. 흐르는 물과 일었다 스러지는 구름의 모습은 나에게 가르치는 것이 많다고 생각하는 것이다. 물은 언제나 흐르되 그 자리에 있고, 항상 그 자리를 채우는 것은 같은 물이 아니듯이, 하늘에 뜬 구름 역시 일었다 스러지나, 같은 모습을 띄우되 같은 것은 아니라는 것 – 그리고 모든 것은 그렇게 있게 마련이라는 것을 깨우쳐 준다. 이런 상념은 체념이 아니고 달관(達觀)이었으면 하는 것이 이즈음의 나의 소망인 것이다.

① 자연과 일체가 되는 조화로운 삶을 살고자 한다.
② 자연을 스승으로 삼아서 인생의 교훈을 얻고자 한다.
③ 자연에 순응하지 않는 적극적인 삶의 태도를 갖고자 한다.
④ 인간이 만든 과학의 성과에 대해 비판적으로 생각하고 있다.

12 다음 글의 중심내용으로 적절한 것은?

정보 사회라고 하는 오늘날, 우리는 실제적 필요와 지식 정보의 획득을 위해서 독서하는 경우가 많다. 일정한 목적의식이나 문제의식을 안고 달려드는 독서일수록 사실은 능률적인 것이다. 르네상스적인 만능의 인물이었던 괴테는 그림에 열중하기도 했다. 그는 그림의 대상이 되는 집이나 새를 더 관찰하기 위해서 그리는 것이라고, 의아해 하는 주위 사람에게 대답했다고 전해진다. 그림을 그리겠다는 목적의식을 가지고 집이나 꽃을 관찰하면 분명하고 세밀하게 그 대상이 떠오를 것이다. 마찬가지로 일정한 주제 의식이나 문제의식을 가지고 독서를 할 때 보다 창조적이고 주체적인 독서 행위가 성립될 것이다.

오늘날 기술 정보 사회의 시민이 취득해야 할 상식과 정보는 무량하게 많다. 간단한 읽기, 쓰기와 셈하기 능력만 갖추고 있으면 얼마 전까지만 하더라도 문맹(文盲)상태를 벗어날 수 있었다. 오늘날 사정은 이미 동일하지 않다. 자동차 운전이나 컴퓨터 조작이 바야흐로 새 시대의 '문맹' 탈피 조건으로 부상하고 있다. 현대인 앞에는 그만큼 구비해야 할 기본적 조선과 자실이 수없이 기다리고 있다.

사회가 복잡해짐에 따라 신경과 시간을 바쳐야 할 세목도 증가하게 마련이다. 그러나 어느 시인이 얘기한 대로 인간 정신이 마련해 낸 가장 위대한 세계는 언어로 된 책의 마법 세계이다. 그 세계 속에서 현명한 주민이 되기 위해서는 무엇보다도 자기 삶의 방향에 맞게 시간을 잘 활용해야 할 것이다.

① 정보량의 증가에 비례한 서적의 증가
② 시대에 따라 변화하는 문맹의 조건
③ 목적의식을 가진 독서의 필요성
④ 정보 사회에서 르네상스의 시대적 의미

13 다음 글의 빈칸에 들어갈 문장으로 가장 적절한 것은?

전통 예술의 현대화나 민족 예술의 세계화라는 명제와 관련하여 흔히 사물놀이를 모범 사례로 든다. 전통의 풍물놀이 '농악'을 무대 연주 음악으로 탈바꿈시킨 사물놀이는 짧은 역사에도 불구하고 한국 현대 예술에서 당당히 한 자리를 잡은 가운데 우리 전통 음악의 신명을 세계에 전하는 구실을 하고 있다.

그러나 문화계 일각에서는 사물놀이에 대한 비판적 관점도 제기되고 있다. 특히 전통 풍물을 살리기 위한 노력을 전개하는 쪽에서 적지 않은 우려를 나타내고 있다. 그들은 무엇보다도 사물놀이가 풍물놀이의 굿 정신을 잃었거나 또는 잃어 가고 있다는 데 주목한다. 풍물놀이는 흔히 '풍물굿'으로 불리는 것으로서 모두가 마당에서 함께 어울리는 가운데 춤·기예(技藝)와 더불어 신명나는 소리를 펼쳐내는 것이 본질적인 특성인데, 사물놀이는 리듬악이라는 좁은 세계에 안착함으로써 풍물놀이 본래의 예술적 다양성과 생동성을 약화시켰다는 것이다. 사물놀이에 의해 풍물놀이가 대체되는 흐름은 우리 민족 예술의 정체성 위기로까지도 이어질 수 있다는 의견이다. 사물놀이에 대한 우려는 그것이 창조적 발전을 거듭하지 못한 채 타성에 젖어 들고 있다는 측면에서도 제기된다. 많은 사물놀이 패가 새로 생겨났지만, 사물놀이의 창안자들이 애초에 이룩한 음악 어법이나 수준을 넘어서서 새로운 발전을 이루어 내지 못한 채 그 예술적 성과와 대중적 인기에 안주하고 있다는 것이다. 이는 사물놀이가 민족 예술로서의 정체성을 뚜렷이 갖추지 못한 데에 따른 결과로 분석되기도 한다. 이런 맥락에서 비판자들은 혹시라도 사물놀이가 _____으로 흘러갈 경우 머지않아 위기를 맞게 될지도 모른다고 경고하고 있다.

① 본래의 예술성과 생동성을 찾아가는 방향

② 대중의 일시적인 기호에 영합하는 방향

③ 서양 음악과의 만남을 시도하는 방향

④ 형식과 전통을 뛰어 넘는 방향

14 다음에 제시된 글을 흐름이 자연스럽도록 순서대로 배열한 것을 고르면?

> (가) 진화는 반드시 이상적이고 완벽한 구조를 창출해 내는 방향으로만 이루어지는 것은 아니다.
>
> (나) 그래서 진화는 불가피하게 타협적인 구조를 선택하는 방향으로 이루어지며, 순간순간의 필요에 대응한 결과가 축적되는 과정이라고 할 수 있다.
>
> (다) 진화 과정에서는 새로운 환경에 적응하기 위한 최선의 구조가 선택되지만, 그 구조는 기존의 구조를 허물고 처음부터 다시 만들어 낸 최상의 구조와는 차이가 있다.
>
> (라) 질식의 원인이 되는 교차된 기도와 식도의 경우처럼, 진화의 산물이 우리가 보기에는 납득할 수 없는 불합리한 구조를 지니게 되는 이유가 바로 여기에 있다.

① (가) - (라) - (다) - (나)

② (나) - (라) - (가) - (다)

③ (가) - (다) - (나) - (라)

④ (나) - (라) - (다) - (가)

15 다음 제시된 글의 주제로 알맞은 것은?

> 한 개인의 창의성 발휘는 자기 영역의 규칙이나 내용에 대한 이해뿐만 아니라 현장에서 적용되는 평가기준과도 밀접한 관련을 가지고 있다. 어떤 미술 작품이 창의적인 것으로 평가받기 위해서는 당대 미술들이나 비평가들이 작품을 바라보는 잣대에 들어맞아야 한다. 마찬가지로 문학 작품의 창의성 여부도 당대 비평가들의 평가기준에 따라 달라질 수 있다. 예를 들면, 라파엘로의 창의성은 미술사학, 미술비평이론, 그리고 미적 감각의 변화에 따라 그 평가가 달라진다. 라파엘로는 16세기와 19세기에는 창의적이라고 여겨졌으나, 그 사이 기간이나 그 이후에는 그렇지 못했다. 라파엘로는 사회가 그의 작품에서 감동을 받고 새로운 가능성을 발견할 때 창의적이라 평가받을 수 있었다. 그러나 만일 그의 그림이 미술을 아는 사람들의 눈에 도식적이고 고리타분하게 보인다면, 그는 기껏해야 뛰어난 제조공이나 꼼꼼한 채색가로 불릴 수 있을 뿐이다.

① 창의성은 본질적으로 신비하고 불가사의한 영역이다.

② 상징에 의해 전달되는 지식은 우리의 외부에서 온다.

③ 창의성은 일정한 준비 기간을 필요로 한다.

④ 창의성의 발휘는 평가 기준과 밀접한 관련이 있다.

16 다음에 제시된 글을 흐름이 자연스럽도록 순서대로 배열한 것을 고르면?

> ㈎ 목청껏 소리를 지르고 손뼉을 치고 싶은 충동 같은 것 말이다.
>
> ㈏ 나는 가끔 충동을 느낄 때가 있다.
>
> ㈐ 환호가 아니라도 좋으니 속이 후련하게 박장대소라도 할 기회나마 거의 없다.
>
> ㈑ 마음속 깊숙이 잠재한 환호에의 갈망 같은 게 이런 충동을 느끼게 하는지도 모르겠다.
>
> ㈒ 그러나 요샌 좀처럼 이런 갈망을 풀 기회가 없다.

① ㈎ ─ ㈑ ─ ㈏ ─ ㈒ ─ ㈐
② ㈏ ─ ㈎ ─ ㈑ ─ ㈒ ─ ㈐
③ ㈏ ─ ㈎ ─ ㈒ ─ ㈐ ─ ㈑
④ ㈐ ─ ㈎ ─ ㈑ ─ ㈒ ─ ㈏

17 다음 제시된 글에서 추론할 수 있는 것은?

> 가격분산이 발생하는 원인은 크게 판매자의 경제적인 이유에 의한 요인, 소비자 시장구조에 의한 요인, 재화의 특성에 따른 요인, 소비자에 의한 요인으로 구분할 수 있다. 첫째, 판매자 측의 경제적인 이유로는 소매상점의 규모에 따른 판매비용의 차이와 소매상인들의 가격 차별화 전략의 두 가지를 들 수 있다. 상점의 규모가 클수록 대량으로 제품을 구매할 수 있으므로 판매비용이 절감되어 보다 낮은 가격에 제품을 판매할 수 있다. 가격 차별화 전략은 소비자의 지불 가능성에 맞추어 그때그때 최고 가격을 제시함으로써 이윤을 극대화하는 전략을 말한다. 둘째, 소비자 시장구조에 의한 요인으로 소비자 시장의 불완전성과 시장 규모의 차이에서 기인하는 것이다. 새로운 판매자가 시장에 진입하거나 퇴거할 때 각종 가격 세일을 실시하는 것과 소비자의 수가 많고 적음에 따라 가격을 다르게 정할 수 있는 것을 예로 들 수 있다. 셋째, 재화의 특성에 따른 요인으로 하나의 재화가 얼마나 다른 재화와 밀접하게 관련되어 있느냐에 관한 것, 즉 보완재의 여부에 따라 가격분산을 가져올 수 있다. 넷째, 소비자에 의한 요인으로 가격과 품질에 대한 소비자의 그릇된 인지를 들 수 있다. 소비자가 가격분산의 정도를 잘못 파악하거나 가격분산을 과소평가하게 되면 정보 탐색을 적게 하고 이는 시장의 규율을 늦춤으로써 가격분산을 지속시키는 데 기여하게 되는 것이다.

① 가격분산이 큰 제품일수록 가격에 대한 신뢰도는 낮을 것이다.
② 대체할 재화의 유무에 따라 가격분산이 발생할 수 있을 것이다.
③ 정부의 엄격한 규제가 있으면 가격분산을 막을 수 있을 것이다.
④ 정보력의 부재는 가격분산에 따른 소비자의 피해를 키우는 원인이 될 것이다.

18 다음에 제시된 글을 흐름이 자연스럽도록 순서대로 배열한 것을 고르면?

(개) 이러한 활성화 에너지를 낮추는 것이 정촉매이고, 활성화 에너지를 높이는 것이 부촉매이다.

(내) 촉매는 정촉매와 부촉매로 구분되는데, 활성화 에너지와 반응 속도를 통해 설명할 수 있다.

(대) 이 화학 반응의 속도를 변화시키는 물질이 촉매이다.

(래) 활성화 에너지란 어떤 물질이 화학 반응을 일으키기 위해 필요한 최소한의 에너지이다. 활성화 에너지가 낮아지면 반응 속도가 빨라지고, 활성화 에너지가 높아지면 반응 속도가 느려지게 된다.

(매) 우리가 섭취한 영양소로부터 생활에 필요한 에너지를 얻거나 몸에 필요한 물질을 합성하는 과정은 모두 화학 반응에 의해 이루어진다.

---

① (매) - (대) - (내) - (래) - (개)

② (대) - (매) - (내) - (래) - (개)

③ (대) - (매) - (내) - (개) - (래)

④ (매) - (개) - (내) - (래) - (대)

19 다음 중 주어진 글의 빈칸에 들어갈 문장으로 가장 적절한 것을 고르면?

　문화 상품의 저작권 보호를 위해 기본적으로 필요한 요소는 ＿＿＿＿＿＿＿＿＿＿＿＿. 하지만 우리 소비자들은 수년간의 면역 효과로 인해 공짜 문화 상품의 맛에서 헤어 나오지 못하고 있다. 저작권에 대한 소비자의 의식에 획기적인 변화가 없는 한 문화 상품에 대한 가치는 어디서고 인정받지 못하게 될 것이고 문화 산업계가 꿈꾸고 있는 장밋빛 미래도 없을 것이라고 단언한다.

---

① 제작자의 관대한 태도이다.

② 제작자와 소비자의 대화와 화해이다.

③ 저작권 가치에 대한 소비자의 인식이다.

④ 수출업자의 적극적인 홍보이다.

20 다음 중 주어진 글의 빈칸에 들어갈 문장으로 가장 적절한 것을 고르면?

> 우리 속담 가운데 콩 심은 데 콩 나고, 팥 심은 데 팥 난다. 라는 말이 있다. 공부하지 않고 성적이 향상되기를 바라는 사람에게 주는 교훈이다. 농부가 씨앗을 잘 간수해 두었다가 때를 맞추어 뿌리고, 심고, 가꾸어야 풍성한 결실을 거둘 수 있다. 돈을 낭비하면 가난뱅이가 되고, 시간을 낭비하면 낙오자가 된다.
> 논밭을 망치는 것은 잡초요, 사람을 망치는 것은 허영이다. 모든 일은 심은 대로 거두는 것이다. 우리는 심은 것을 거두는 ＿＿＿＿＿＿＿＿＿＿＿(을)를 마음속에 되새겨야 할 것이다.

① 자연이 주는 혜택
② 인과응보의 진리
③ 긍정적 사고방식
④ 낭비하지 않는 모습

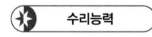 수리능력

21 준수가 집에서 회사까지 가는데 10km의 거리는 시속 20km로 가다가 나머지 거리는 시속 30km로 갔다. 준수가 학교에 도착했을 때 걸린 시간은 1시간이다. 같은 거리를 민건이가 시속 40km로 갔을 때 걸린 시간으로 가장 가까운 것은?

① 28분
② 31분
③ 35분
④ 39분

22 다음은 A사의 직원들을 대상으로 대중교통을 이용하는 횟수에 대한 설문 조사를 한 결과를 나타낸 자료이다. 설문에 참여한 총 인원의 월 평균 대중교통을 이용하는 횟수가 65회라면, 빈 칸에 들어갈 알맞은 인원수는 몇 명인가?

월 평균 대중교통 이용 횟수(회)	인원 수(명)
0~20	10
20~40	20
40~60	30
60~80	( )
80~100	25
100~120	20

① 30
③ 35
② 32
④ 38

23 다음은 서울 시민의 '이웃에 대한 신뢰도'를 나타낸 자료이다. 다음 자료를 올바르게 분석하지 못한 것은 어느 것인가?

(단위 : %, 10점 만점)

구분		신뢰하지 않음	보통	신뢰함	평균(10점)
	전체	18.9	41.1	40.0	5.54
성	남성	18.5	42.2	39.3	5.54
	여성	19.2	40.1	40.7	5.54
연령	10대	22.6	38.9	38.5	5.41
	20대	21.8	41.6	36.5	5.35
	30대	18.9	42.8	38.2	5.48
	40대	18.8	42.4	38.8	5.51
	50대	17.0	42.0	41.1	5.65
	60세 이상	17.2	38.2	44.6	5.70

① 서울 시민 10명 중 4명은 이웃을 신뢰한다.
② 이웃을 신뢰하는 사람의 비중과 평점의 연령별 증감 추이는 동일하지 않다.
③ 20대 이후 연령층에서는 고령자일수록 이웃을 신뢰하는 사람의 비중이 더 높다.
④ 남성과 여성은 같은 평점을 주었으나, 이웃을 신뢰하는 사람의 비중은 남성이 1%p 이상 낮다.

24 커피숍에서 커피 한 잔의 원가에 α %의 이익을 붙여 4,000원에 판매하고 있었는데 한달 동안 기존의 판매 가격을 α % 인하하여 3,000원으로 판매하기로 하였다. 커피 한잔의 원가는 얼마인가?

① 2,800원　　　　　　　　　② 3,000원

③ 3,200원　　　　　　　　　④ 3,400원

25 다음은 주어진 문제에 대한 갑과 을의 대화이다. 을이 갑의 풀이가 옳지 않다고 했을 때, 책의 쪽수가 될 수 없는 것은?

> 어떤 책을 하루에 40쪽씩 읽으면 13일째에 다 읽는다고 한다. 이 책은 모두 몇 쪽인가?

> 갑 : 하루에 40쪽씩 읽고 13일째에 다 읽으니까 40×13=520(쪽), 즉 이 책의 쪽수는 모두 520쪽이네.
> 을 : 꼭 그렇지만은 않아.

① 480쪽　　　　　　　　　② 485쪽

③ 490쪽　　　　　　　　　④ 500쪽

26 0, 1, 2, 3, 4, 5의 숫자가 각각 표시되어 있는 6장의 카드 중 3장을 뽑아 만들 수 있는 세 자리의 정수의 개수는 몇 개인가?

① 10개　　　　　　　　　② 30개

③ 50개　　　　　　　　　④ 100개

27 A지점에서 B지점까지는 120km이다. 명수는 자전거를 타고 A에서 B까지 시속 30km로 가고, 돌아올 때는 시속 60km로 왔다. 왕복 시간의 평균 시속은 얼마인가?

① 35km

② 40km

③ 45km

④ 50km

28 영희는 집에서 학교까지 분속 60m로 걸어가고 있다. 영희가 집에서 나간 지 10분 후, 중요한 준비물을 가져가지 않았다는 것을 안 어머니가 분속 120m로 자전거를 타고 뒤쫓아 갔다. 어머니가 영희를 만나는 것은 몇 분 후 인가?

① 8분 후

② 10분 후

③ 12분 후

④ 15분 후

29 서울에서 부산으로 가는 새마을호가 서울에서 출발하고 1시간 후, KTX가 서울에서 시속 120km로 출발하였다. 3시간 뒤 KTX가 새마을호를 따라잡았는데 서울과 부산의 거리가 400km라면 새마을호는 부산까지 약 몇 시간이 걸리겠는가?

① 3.54시간

② 4.44시간

③ 5.12시간

④ 6.33시간

30 사무실에 두 대의 복사기가 있는데 1대는 1분에 100쪽, 다른 1대는 1분에 150쪽을 복사할 수 있다. 이 두 대의 복사기를 효율적으로 이용하여 50쪽짜리 유인물 50부를 최단시간에 복사하고자 할 때, 1분에 100쪽을 복사하는 복사기로는 몇 부 복사하여야 하는가?

① 10부

② 13부

③ 15부

④ 20부

31 다음은 A, B 두 제품을 1개씩 만드는 데 필요한 전력과 연료 및 하루 사용 제한량이다. A는 1개당 5만 원, B는 1개당 2만 원의 이익이 생기고, 두 제품 A, B를 총 50개 생산한다고 할 때, 이익을 최대로 하려면 제품 A는 몇 개를 생산해야 하는가?

제품	A제품	B제품	하루 사용 제한량
전력(kWh)	50	20	1,600
연료(L)	3	5	240

① 16개
② 18개
③ 20개
④ 24개

32 회계팀에서 업무를 시작하게 된 길동이는 각종 내역의 비용이 어느 항목으로 분류되어야 하는지 정리 작업을 하고 있다. 다음 중 길동이가 나머지와 다른 비용으로 분류해야 하는 것은?

① 구매부 자재 대금으로 지불한 U$7,000
② 상반기 건물 임대료 및 관리비
③ 임직원 급여
④ 계약 체결을 위한 영업부 직원 출장비

33 A사의 정 팀장은 인사팀장으로서 시간 관리의 중요성을 직원들에게 설명하며 시간이라는 자원의 특성을 이야기하였다. 다음 중 정 팀장이 언급한 사항으로 적절하지 않은 것은?

① 어떻게 사용하든 누구에게나 1시간의 가치는 똑같으며 운이 따르느냐가 중요한 부분이다.

② 기나긴 인생에 있어 시간의 밀도와 중요도가 매번 같을 수 없다.

③ 힘든 시기나 그렇지 않은 시기나 시간은 늘 같은 속도로 흐른다.

④ 시간은 남겨서 비축하거나 부족한 시간을 빌려올 수도 없다.

34 다음은 A의류매장의 판매 직원이 매장 물품 관리 시스템에 대하여 설명한 내용이다. 이를 참고할 때, bar code와 QR 코드 관리 시스템의 특징으로 적절하지 않은 것은?

> "저희 매장의 모든 제품은 입고부터 판매까지 스마트 기기와 연동된 전산화 시스템으로 운영되고 있어요. 제품 포장 상태에 따라 bar code와 QR 코드로 구분하여 아주 효과적인 관리를 하는 거지요. 이 조그만 전산 기호 안에 필요한 모든 정보가 입력되어 있어 간단한 스캔만으로 제품의 이동 경로와 시기 등을 손쉽게 파악하는 겁니다. 제품군을 분류하여 관리하거나 적정 재고량을 파악하는 데에도 매우 효율적인 관리 시스템인 셈입니다."

① QR 코드는 bar code보다 많은 양의 정보를 담을 수 있다.

② bar code는 제품군과 특성을 기준으로 물품을 대/중/소분류에 의해 관리한다.

③ bar code는 물품의 정보를 기호화하여 관리하는 것이다.

④ bar code의 정보는 검은 막대의 개수와 숫자로 구분된다.

35 근로자의 근로 여건에 대한 다음 예시자료를 바탕으로 〈보기〉에서 옳은 것을 모두 고르면?

〈근로자 근로시간 및 임금〉

(단위 : 일, 시간, 천 원)

구분	2018	2019	2020	2021
근로일수	21.3	21.1	20.9	21.1
근로시간	179.9	178.1	177.1	178.4
임금총액	3,178	3,299	3,378	3,490

― 〈보기〉 ―

㈎ 1일 평균 근로시간은 2020년이 가장 많다.

㈏ 1일 평균 임금총액은 매년 증가하였다.

㈐ 1시간 당 평균 임금총액은 매년 증가하였다.

㈑ 근로시간이 더 많은 해에는 임금총액도 더 많다.

① ㈎, ㈏   ② ㈏, ㈐

③ ㈐, ㈑   ④ ㈎, ㈏, ㈐

36 다음 중 직무상 필요한 가장 핵심적인 네 가지 자원에 해당하는 설명이 아닌 것은?

① 민간 기업이나 공공단체 및 기타 조직체는 물론이고 개인의 수입·지출에 관한 것도 포함하는 가치

② 인간이 약한 신체적 특성을 보완하기 위하여 활용하는 정상적인 인간의 활동에 수반되는 많은 자원들

③ 기업이 나아가야 할 방향과 목적 등 기업 전체가 공유하는 비전, 가치관, 사훈, 기본 방침 등으로 표현되는 것

④ 매일 주어지며 똑같은 속도로 흐르지만 멈추거나 빌리거나 저축할 수 없는 것

37 다음의 A와 B가 주장하는 자원의 특성을 가장 적절하게 설명한 것은?

> A : 물적 자원을 얼마나 확보하고 활용할 수 있느냐가 큰 경쟁력이 된다. 국가의 입장에 있어서도 자국에서 생산되지 않는 물품이 있으면 다른 나라로부터 수입을 하게 되고, 이러한 물품으로 인해 양국 간의 교류에서 비교우위가 가려지게 된다. 이러한 상황에서 자신이 보유하고 있는 자원을 얼마나 잘 관리하고 활용하느냐 하는 물적자원 관리는 매우 중요하다고 할 수 있다.
>
> B : 물적자원 확보를 위해 경쟁력 있는 해외의 물건을 수입하는 경우가 있다. 이때, 필요한 물적 자원을 얻기 위하여 예산이라는 자원을 쓰게 된다. 또한 거꾸로 예산자원을 벌기 위해 내가 확보한 물적 자원을 내다 팔기도 한다.

① 물적 자원을 많이 보유하고 있는 것이 다른 유형의 자원을 보유한 것보다 가치가 크다.

② 양국 간에 비교우위 물품이 가려지게 되면, 더 이상 그 국가와의 물적자원 교류는 무의미하다.

③ 물적 자원과 예산자원 외에는 상호 보완하며 교환될 수 있는 자원의 유형이 없다.

④ 서로 다른 자원이 상호 반대급부로 작용할 수 있고, 하나의 자원을 얻기 위해 다른 유형의 자원이 동원될 수 있다.

▌38-39▐ K사에 입사한 정 사원은 신입사원 오리엔테이션 과정 중 다음과 같은 사내 전화 사용법을 교육받았다. 이를 보고 물음에 답하시오.

1. 일반전화 걸기
- 회사 외부로 전화를 거는 경우
- 수화기를 들고 9번을 누른 후 전화번호를 눌러 통화한다.
2. 단축 다이얼
- 자주 사용하는 전화번호는 기억시켜 두어 간단하게 전화하는 경우
- 단축 다이얼 버튼을 누르고 화살표를 이용, 원하는 전화번호가 기억되어 있는 단축번호를 눌러 통화한다.
3. 재다이얼 기능
- 재다이얼 버튼을 누르고 화살표를 이용, 상하버튼을 눌러 원하는 전화번호를 선택한 후, 발신버튼을 누른다.
- 원하는 전화번호가 재다이얼 된다.
4. 전화 당겨 받기
- 다른 전화기에 벨이 울리고 있을 때 내 자리의 전화기에서 대신 받고자 하는 경우
- 다른 자리의 벨이 울릴 때, 수화기를 들고 * 버튼을 누른다.
5. 통화대기
- 상대방이 통화중일 때, 통화가 끝날 때까지 대기하다가 통화가 끝난 즉시 통화하고자 하는 기능
- 상대방이 통화중일 때 CAMP 버튼을 누르고 수화기를 내려놓은 채 통화가 끝날 때까지 기다린다.
※ 상대방은 통화 중에 주기적으로 신호음이 들리므로 누군가 통화대기 중임을 알 수 있다.
6. 내선예약
- 통화중이거나 전화를 받지 않는 내선에 통화를 예약해 두면 통화가 끝나는 즉시 신호음이 울린다.
- 상대방이 응답이 없거나 통화중일 때 CBK 버튼을 누르고 수화기를 내린다. 통화할 수 있는 상태가 되면 벨이 울린다.
7. 통화보류
- 통화 도중에 상대방을 잠시 기다리게 할 경우
- 통화 도중에 보류버튼을 누르고 수화기를 내린다. 다시 통화하고자 할 때 수화기를 들고 다시 보류버튼을 누른다.
※ 보류된 전화는 일정 시간이 경과하기 전에는 끊기지 않는다.
8. 통화전환
- 밖에서 걸려 온 전화를 먼저 통화하다가 다른 사람에게로 전화를 돌려주고자 하는 경우
- 통화 중에 * 버튼을 누르고 내선번호를 누르고 수화기를 내린다.

9. 착신전환
- 내 자리로 걸려오는 전화를 지정하는 특정 내선으로 연결되도록 설정해 두는 경우
- 지정 시, 6, 0 버튼을 누르고 ALL 버튼을 누르고 전화를 대신 받을 번호를 누른다.
- 해제 시, 6, 0 버튼을 누르고 0을 누른다.

38 정 사원이 이해한 다음과 같은 전화 사용법 중 올바르지 않은 것은?

① "내가 부재중일 경우라도 걸려 온 전화를 받을 수가 있구나."

② "통화 중 잠시 급한 일을 보고 계속 통화를 하려면 CAMP 버튼을 쓰면 되네."

③ "외부에서 전화를 건 사람이 두 명 이상의 사람과 순차적으로 통화를 원할 경우라도, 전화를 두 번 이상 걸 필요가 없군."

④ "부장님이 안 계실 때, 부장님 자리로 걸려 온 전화를 받으러 뛰어갈 필요는 없군."

39 다음과 같은 상황에서 정 사원이 누른 전화기의 버튼이 순서대로 올바르게 나열된 것은?

> 정 사원 : "어제 그 분과 통화는 잘 했어? 번호를 잘못 알았는지 팀장님 자리로 전화를 했더라고. 내 자리에서 받아서 용건을 간단히 들어보니 자네 담당 업무 관련이던데."
>
> 남 사원 : "아 그랬군. 중요한 전화였는데, 잘 바꿔줘서 고마워."
>
> 정 사원 : "헌데, 그 분과 통화하다가 책상에 물을 엎지르는 바람에 좀 기다리시게 했는데 언짢은 것 같진 않았어?"
>
> 남 사원 : "아니 전혀. 내 번호는 443이니 다음엔 그 번호로 걸어 달라고 부탁했어."

① 보류버튼 → * → 보류버튼 → * → 443

② * → 보류버튼 → * → 보류버튼 → 443

③ * → 보류버튼 → 보류버튼 → * → 443

④ 보류버튼 → * → 보류버튼 → 443 → *

40 다음은 A씨가 알아본 여행지의 관광 상품 비교표이다. 월요일에 A씨 부부가 여행을 갈 경우 하루 평균 가격이 가장 비싼 여행지부터 순서대로 올바르게 나열한 것은? (단, 출발일도 일정에 포함, 1인당 가격은 할인 전 가격이며, 가격 계산은 버림 처리하여 정수로 표시한다)

관광지	일정	1인당 가격	비고
갑지	5일	599,000원	–
을지	6일	799,000원	주중 20% 할인
병지	8일	999,000원	동반자 20% 할인
정지	10일	1,999,000원	동반자 50% 할인

① 을지 – 갑지 – 병지 – 정지
② 정지 – 병지 – 갑지 – 을지
③ 정지 – 갑지 – 을지 – 병지
④ 정지 – 갑지 – 병지 – 을지

문제해결능력

1 다음에서 설명하는 일탈 이론에 부합하는 사례로 옳은 것은?

> 　같은 행동이라도 아무 일 없으면 그냥 '일상'이 되고 문제가 생기면 '일탈'이 된다. 누구나 살면서 잘
> 못을 저지르지만 적발되지 않으면 별 문제 없이 지나간다. 하지만 그것이 다른 사람들에게 석발뇌ㅗ 세
> 상에 알려지면 상황은 급격히 변화한다. 자신을 대하는 사회적 시선이 예전과 달라졌음을 인식하게 되
> 면서 그는 점점 일탈을 내면화하고 정상적인 사회 규범과 멀어진다.

① 실직 가장이 일확천금을 꿈꾸며 도박판에 뛰어들어 남은 재산을 모두 탕진한다.

② 폭행을 당한 피해자가 법에 호소하는 대신 친구들을 동원해 가해자에게 보복을 한다.

③ 교도소에서 소매치기 기술을 배운 전과자가 출소한 후 길거리에서 다른 사람의 지갑을 훔친다.

④ 부유층 아이의 싸움은 자연스러운 성장 과정으로, 빈민층 아이의 싸움은 비행으로 가는 과정으로 간주
한다.

풀이종료시간 : [   ] – [   ]
풀이소요시간 : [   ]분 [   ]초

2   다음 A, B 두 조직에 대한 옳은 설명을 〈보기〉에서 고른 것은?

> • A와 B는 모두 인위적으로 형성되었다.
> • A는 목표 달성을 위해 능률의 논리에 따라 구성되나, B는 감정의 논리에 따라 구성된다.
> • A는 그 조직의 모든 구성원들을 포함하는 데 비해, B는 A의 일부 구성원들만으로 이루어지며 소집단의 성격을 띤다.

────────── 〈보기〉 ──────────

ㄱ A는 구성원의 역할과 책임이 명확하다.   ㄴ A보다 B는 가입과 탈퇴가 자유롭다.
ㄷ A와 달리 B는 2차적 관계가 형성된다.   ㄹ B는 A의 경직성을 강화하는 데 기여한다.

① ㄱ, ㄴ   ② ㄱ, ㄷ
③ ㄴ, ㄷ   ④ ㄴ, ㄹ

3   노인 문제를 바라보는 A~C의 대화에 대한 설명으로 옳은 것은?

> A : 산업화로 인해 가족의 기능이 약화되면서 생기는 문제야.
> B : 중년층 중심의 사회 구조로 인해 중년층이 노인들의 사회적 역할을 빼앗아 가기 때문에 발생하는 문제야.
> C : 사람들이 노인들을 늙고 의존적인 존재로 인식하고 있으며, 노인들도 자신을 쓸모없는 존재로 인식하기 때문에 발생하는 문제야.

① A는 개인에게 영향을 미치는 사회 구조의 힘을 간과한다.
② B는 사회를 유기체에 비유할 것이다.
③ C는 개인을 구속하는 사회 구조의 힘에 주목한다.
④ A는 B와 달리 사회적 역할이 대다수 성원의 합의에 의한 것이라고 본다.

4 다음 두 사례에서 공통적으로 부각되어 있는 문화의 속성에 대한 진술로 가장 적절한 것은?

> • 우리나라 사람들이 돌무더기 탑을 지날 때 돌 하나를 얹는 이유를 외국 사람들은 알지 못한다.
> • 요즘 청소년들이 여러 단어의 첫 음절만을 이용하여 만든 줄임말의 의미를 기성세대는 알지 못한다.

① 문화는 환경의 특수성과 관계없이 공통성을 갖는다.
② 문화는 부분들이 모여 전체로서 하나의 체계를 이룬다.
③ 문화는 경험과 상징을 통해 세대 간에 전승되고 축적된다.
④ 문화는 구성원 간에 사고와 행동의 동질성을 형성하게 해 준다.

5 (개)~(대)는 관료제에서 나타날 수 있는 일반적인 문제점이다. 이와 관련한 설명으로 옳지 않은 것은?

> (개) 복잡한 규정으로 많은 서류가 만들어지는 과정에서 본연의 업무 처리가 지연될 수 있다.
> (내) 의사 결정권이 상위 직급에 집중되어 권력의 남용이나 쏠림이 일어날 수 있다.
> (대) 승진 시 경력을 중시하므로 무능한 사람이 자기 능력 이상의 자리를 차지할 수 있다.

① (내)는 다양한 의사 결정 구조와 방식을 적용함으로써 완화할 수 있다.
② (대)는 인사 관리에서 연공서열보다 성과를 중시함으로써 완화할 수 있다.
③ (개)는 업무 처리의 형식적 절차를, (내)는 의사 결정의 일방성을 강조하는 과정에서 발생한다.
④ (내), (대)는 조직의 과업과 목적에 따라 조직 형태가 수시로 변화하는 과정에서 발생한다.

6 포항으로 홀로 여행을 떠난 율희는 오후 늦게서야 배고픔을 느끼게 되어 주변 A횟집으로 들어갔다. 하지만 메뉴판을 보는 순간 너무나 많은 종류의 회를 보고 율희는 무엇을 선택해야 할지 고민하고 있다. 다음 중 아래와 같은 선택에 대한 평가기준이 제시된 경우 보완적 평가방식에 의해 율희가 선택하게 되는 횟감의 종류는 무엇인가?

평가기준	중요도	횟감 종류에 대한 평가			
		광어	우럭	물회	참치
가격	40	2	2	1	7
반찬 종류	30	2	3	1	5
서비스 수준	50	2	2	2	4

① 광어
③ 물회

② 우럭
④ 참치

7 ㉠~㉣ 중 글의 흐름으로 볼 때 삭제해도 되는 문장은?

토의는 어떤 공통된 문제에 대해 최선의 해결안을 얻기 위하여 여러 사람이 의논하는 말하기 양식이다. ㉠패널 토의, 심포지엄 등이 그 대표적 예이다. ㉡토의가 여러 사람이 모여 공동의 문제를 해결하는 것이라면 토론은 의견을 모으지 못한 어떤 쟁점에 대하여 찬성과 반대로 나뉘어 각자의 주장과 근거를 들어 상대방을 설득하는 것이라 할 수 있다. ㉢패널 토의는 3~6인의 전문가들이 사회자의 진행에 따라, 일반 청중 앞에서 토의 문제에 대한 정보나 지식, 의견이나 견해 등을 자유롭게 주고받는 유형이다. ㉣심포지엄은 전문가가 참여한다는 점, 청중과 질의·응답 시간을 갖는다는 점에서는 패널토의와 비슷하다. 다만 전문가가 토의 문제의 하위 주제에 대해 서로 다른 관점에서 연설이나 강연의 형식으로 10분 정도 발표한다는 점에서는 차이가 있다.

① ㉠
③ ㉢

② ㉡
④ ㉣

8 다음과 같은 문제 상황을 인지한 A사는 甲의 행위를 절도로 판단하고 이를 위한 대책을 수립하려고 한다. 이러한 문제 상황에 봉착한 A사가 가장 먼저 해야 할 일로 적절한 것은 다음 보기 중 어느 것인가?

> 甲은 A사의 기술연구소 기술고문으로 근무하면서 주도적으로 첨단기술 제조공법을 개발했음에도 뚜렷한 상여금이나 인센티브를 받지 못하고 승진에서도 누락된 사실을 알고 불만을 품게 됐다. 당시 반도체 분야에 새로이 진출하고자 하는 경쟁업체인 B사에서 이와 같은 사실을 알고 甲이 A사에서 받던 급여조건보다 월등하게 좋은 연봉, 주택제공 등의 조건을 제시하여 甲을 영입하기로 했다.
> 甲은 B사의 상무이사로 입사하기로 하고, A사의 기술 및 영업 자료를 향후 B사의 생산 및 판매 자료로 활용할 것을 마음먹고 A사 사무실에서 회사의 기술상·영업상의 자료들인 매출단가 품의서, 영업추진계획, 반도체 조립공정 문제점 및 개선대책 등을 서류가방에 넣어 가지고 나와 이를 B사에 넘겨주었다.

① 자료 유출 시의 전 직원에 대한 강화되고 엄격해진 규정을 마련하여 즉시 실시한다.
② 강화된 보안 대책과 함께 컴퓨터 파일 유출을 방지할 수 있는 기술 도입을 검토한다.
③ 인센티브나 승진 문제 등 甲의 행위가 촉발된 근본 원인을 찾아낸다.
④ 어떻게 자료 유출이 가능했는지를 확인하고 甲과 B사에 대한 대응방안을 정확히 수립한다.

9 8층에서 엘리베이터를 타게 된 갑, 을, 병, 정, 무 5명은 5층부터 내리기 시작하여 마지막 다섯 번째 사람이 1층에서 내리게 되었다. 다음 〈조건〉을 만족할 때, 1층에서 내린 사람은 누구인가?

〈조건〉
- 2명이 함께 내린 층은 4층이며, 나머지는 모두 1명씩만 내렸다.
- 을이 내리기 직전 층에서는 아무도 내리지 않았다.
- 무는 정의 바로 다음 층에서 내렸다.
- 갑과 을은 1층에서 내리지 않았다.

① 갑   ② 을
③ 병   ④ 정

10 다음 SWOT 분석기법에 대한 설명과 분석 결과 사례를 토대로 한 대응 전략으로 가장 적절한 것은?

> SWOT 분석은 내부 환경요인과 외부 환경요인의 2개의 축으로 구성되어 있다. 내부 환경요인은 자사 내부의 환경을 분석하는 것으로 분석은 다시 자사의 강점과 약점으로 분석된다. 외부환경요인은 자사 외부의 환경을 분석하는 것으로 분석은 다시 기회와 위협으로 구분된다. 내부환경요인과 외부환경요인에 대한 분석이 끝난 후에 매트릭스가 겹치는 SO, WO, ST, WT에 해당되는 최종 분석을 실시하게 된다. 내부의 강점과 약점을, 외부의 기회와 위협을 대응시켜 기업의 목표를 달성하려는 SWOT 분석에 의한 발전전략의 특성은 다음과 같다.
> • SO전략 : 외부 환경의 기회를 활용하기 위해 강점을 사용하는 전략 선택
> • ST전략 : 외부 환경의 위협을 회피하기 위해 강점을 사용하는 전략 선택
> • WO전략 : 자신의 약점을 극복함으로써 외부 환경의 기회를 활용하는 전략 선택
> • WT전략 : 외부 환경의 위협을 회피하고 자신의 약점을 최소화하는 전략 선택
>
> [분석 결과 사례]
>
> | 강점
(Strength) | • 해외 조직 관리 경험 풍부
• 자사 해외 네트워크 및 유통망 다수 확보 |
> | --- | --- |
> | 약점
(Weakness) | • 순환 보직으로 인한 잦은 담당자 교체로 업무 효율성 저하
• 브랜드 이미지 관리에 따른 업무 융통성 부족 |
> | 기회
(Opportunity) | • 현지에서 친숙한 자사 이미지
• 현지 정부의 우대 혜택 및 세제 지원 약속 |
> | 위협
(Threat) | • 일본 경쟁업체와의 본격 경쟁체제 돌입
• 위안화 환율 불안에 따른 환차손 우려 |

내부환경 외부환경	강점(Strength)	약점(Weakness)
기회(Opportunity)	① 세제 혜택을 통하여 환차손 리스크 회피 모색	② 타 해외 조직의 운영 경험을 살려 업무 효율성 벤치마킹
위협(Threat)	③ 다양한 유통채널을 통하여 경쟁체제 우회 극복	④ 해외 진출 경험으로 축적된 우수 인력 투입으로 업무 누수 방지

11 다음 중 주어진 글의 빈칸에 들어갈 문장으로 가장 적절한 것을 고르면?

> 웹 만화의 특징으로 들 수 있는 것은 인터넷상에서 두루마리처럼 아래로 길게 펼쳐 읽는 것이다. 일반적인 출판 만화는 한 편을 오른쪽에서 왼쪽으로 장을 넘겨 가며 읽는 책의 형식인 반면, 웹 만화는 마우스를 이용해 위에서 아래로 내려가며 읽는 형식을 취하고 있다. 이와 같은 웹 만화의 세로 읽기는 한 회의 만화를 끊김 없이 읽어 내려가게 함으로써 _____. 출판 만화의 경우 긴장이 고조된 장면이라고 할지라도 한 장 한 장 넘기며 읽어야 하기 때문에 감정의 흐름이 끊길 수 있지만, 웹 만화는 장면을 연속적으로 이어 볼 수 있으므로 긴장감을 지속적으로 유지해 나갈 수 있다.

① 궁금증을 유발할 수 있다
② 독자의 피곤함을 덜 수 있다
③ 더 빠르게 읽을 수 있다
④ 독자의 흥미를 배가시킬 수 있다

│12-13│ 다음 글을 읽고 물음에 답하시오.

> 도덕이나 윤리는 원만한 사회생활을 위한 지혜이며, 나를 포함한 모든 사람들을 위하여 매우 소중하고 보배로운 것이다. 그런데 우리 사회에는 윤리와 도덕을 존중하는 것이 오히려 손해를 보는 것이라는 인식이 널리 퍼져 있다. 사람들은 왜 도덕적 삶이 자신에게 손해를 가져온다고 생각하는 것일까?
>
> 첫째 이유는 그러한 주장을 하는 사람들의 계산법이 근시안적이기 때문이다. 당장 눈앞에 보이는 이해관계만을 계산할 때 우리는 윤리를 존중하는 사람은 손해를 본다는 결론을 내리게 된다. 근시안적인 관점에서 눈에 보이는 이해관계만을 눈여겨볼 때, 정직하고 성실한 사람은 손해를 본다는 인상을 받기 쉽다. 그러나 긴 안목으로 볼 때는, 정직하고 성실한 사람이 불행한 생애의 주인공이 된 경우보다는 부도덕하기로 소문난 사람이 말년을 비참하게 보낸 사례가 더 많을 것이다. ⓐ (이)라는 말이 언제나 적중한다고는 보기 어려우나 전혀 근거 없는 허사(虛辭)라고 보기는 더욱 어렵다.
>
> 둘째 이유는 우리 사회에 도덕률을 어기는 사람들이 너무나 많기 때문이다. 도덕률 또는 윤리가 삶의 지혜로서의 진가를 발휘하는 것은 대부분의 사회 성원이 그것을 준수할 경우이다. 대부분의 사람들이 도덕률을 실천으로써 존중할 경우에 나를 포함한 모든 사람들이 도덕률의 혜택을 입게 되는 것이며, 대부분의 사람들이 그것을 지키지 않고 소수만이 그것을 지킬 경우에는 도덕을 지키는 소수의 사람들은

피해자가 될 염려가 있다.

셋째 이유는 시대상 또는 사회상이 급변하는 과정에서 옛날의 전통 윤리가 오늘의 우리 현실에 적합하지 않을 경우도 많기 때문이다. 삶의 지혜로서의 윤리는 행복한 삶을 위한 행위의 원칙 또는 그 처방에 해당한다. 그 행위의 처방은 상황에 적합해야 하거니와, 시대상 또는 사회상이 크게 바뀌고 생활의 조건이 크게 달라지면, 행복을 위한 행위의 처방도 따라서 달라져야 할 경우가 많다. 그런데 우리가 윤리와 도덕성을 강조할 때 사람들의 머리에 떠오르는 것은 대체로 전통 윤리의 규범들이다. 그 전통 윤리의 규범 가운데는 현대의 생활 조건에 맞지 않는 것도 흔히 있으며, 오늘의 상황에 맞지 않는 윤리의 규범을 맹목적으로 지키는 사람들은 현대의 생활 조건에 적응하지 못하고 어려움을 겪게 된다. 이러한 경우에 '윤리를 지키는 사람은 손해를 본다'. 라는 말이 나올 수 있는 여지가 생기는 것이다.

12 이 글의 중심 내용으로 가장 적절한 것은?

① 바뀌는 시대상과 도덕성의 관계
② 도덕적 삶이 손해라고 인식하는 까닭
③ 전통 윤리에 깃들어 있는 도덕적 가치
④ 손해를 무릅쓰고 도덕을 지켜야 하는 이유

13 문맥상 ㉠에 들어갈 알맞은 한자 성어는?

① 사필귀정(事必歸正)
② 권선징악(勸善懲惡)
③ 적자생존(適者生存)
④ 선공후사(先公後私)

14 다음은 □□전자의 스마트폰 사용에 관한 조사 설계의 일부분이다. 본 설문조사의 목적으로 가장 적합하지 않은 것은?

---

1. 조사목적

2. 과업 범위
    ① 조사 대상 : 서울과 수도권에 거주하고 있으며 최근 5년 이내에 스마트폰 변경 이력이 있고, 향후 1년 이내에 스마트폰 변경 의향이 있는 만 20~30세의 성인 남녀
    ② 조사 방법 : 구조화된 질문지를 이용한 온라인 조사
    ③ 표본 규모 : 총 1,000명
3. 조사 내용
    ① 시장 환경 파악 : 스마트폰 시장 동향 (사용기기 브랜드 및 가격, 기기사용 기간 등)
    ② 과거 스마트폰 변경 현황 파악 : 변경 횟수, 변경 사유 등
    ③ 향후 스마트폰 변경 잠재 수요 파악 : 변경 사유, 선호 브랜드, 변경 예산 등
    ④ 스마트폰 구매자를 위한 개선 사항 파악 : 스마트폰 구매자를 위한 요금할인, 사은품 제공 등 개선 사항 적용 시 스마트폰 변경 의향
    ⑤ 배경정보 파악 : 인구사회학적 특성 (연령, 성별, 거주 지역 등)
4. 결론 및 기대효과

---

① 스마트폰 구매자를 위한 요금할인 프로모션 시행의 근거 마련
② 평균 스마트폰 기기사용 기간 및 주요 변경 사유 파악
③ 광고 매체 선정에 참고할 자료 구축
④ 스마트폰 구매 시 사은품 제공 유무가 구입 결정에 미치는 영향 파악

15 다음 중 언어적인 의사소통과 비교한 문서적 측면으로서 의사소통의 특징이 아닌 것은?

① 권위감이 있다.

② 정확성을 기하기 쉽다.

③ 전달성이 높다.

④ 상대방의 반응이나 감정을 살필 수 있다.

16 다음의 괄호에 알맞은 한자성어는?

> 일을 하다 보면 균형과 절제가 필요하다는 것을 알게 된다. 일의 수행 과정에서 부분적 잘못을 바로 잡으려다 정작 일 자체를 뒤엎어 버리는 경우가 왕왕 발생하기 때문이다. 흔히 속담에 "빈대 잡으려다 초가삼간 태운다."라는 말은 여기에 해당할 것이다. 따라서 부분적 결점을 바로잡으려다 본질을 해치는 ( )의 어리석음을 저질러서는 안 된다.

① 개과불린(改過不吝)

② 경거망동(輕擧妄動)

③ 교각살우(矯角殺牛)

④ 부화뇌동(附和雷同)

17 다음 보도자료 작성 요령을 참고할 때, 적절한 보도자료 문구를 〈보기〉에서 모두 고른 것은?

1. 인명과 호칭
〈우리나라 사람의 경우〉
- 우리나라 사람의 인명은 한글만 쓴다. 동명이인 등 부득이한 경우에만 괄호 안에 한자를 써준다.
- 직함은 소속기관과 함께 이름 뒤에 붙여 쓴다.
- 두 명 이상의 이름을 나열할 경우에는 맨 마지막 이름 뒤에 호칭을 붙인다.

〈외국인의 경우〉
- 중국 및 일본사람의 이름은 현지음을 한글로 외래어 표기법에 맞게 쓰고 괄호 안에 한자를 쓴다. 한자가 확인이 안 될 경우에는 현지음만 쓴다.
- 기타 외국인의 이름은 현지발음을 외래어 표기법에 맞게 한글로 적고 성과 이름 사이를 띄어 쓴다.

2. 지명
- 장소를 나타내는 국내 지명은 광역시·도→시·군·구→동·읍·면·리 순으로 표기한다.
- 시·도명은 줄여서 쓴다.
- 자치단체명은 '서울시', '대구시', '경기도', '전남도' 등으로 적는다.
- 중국과 일본 지명은 현지음을 한글로 외래어 표기법에 맞게 쓰고 괄호 안에 한자를 쓴다.(확인이 안 될 경우엔 현지음과 한자 중 택1)
- 외국 지명의 번역명이 통용되는 경우 관용에 따른다.

3. 기관·단체명
- 기관이나 단체 이름은 처음 나올 때는 정식 명칭을 적고 약칭이 있으면 괄호 안에 넣어주되 행정부처 등 관행화된 것은 넣지 않는다. 두 번째 표기부터는 약칭을 적는다.
- 기관이나 단체명에 대표 이름을 써야 할 필요가 있을 때는 괄호 안에 표기한다.
- 외국의 행정부처는 '부', 부처의 장은 '장관'으로 표기한다. 단, 한자권 지역은 그 나라에서 쓰는 정식명칭을 따른다.
- 국제기구나 외국 단체의 경우 처음에는 한글 명칭과 괄호 안에 영문 약어 표기를 쓴 다음 두 번째부터는 영문 약어만 표기한다.
- 언론기관 명칭은 AP, UPI, CNN 등 잘 알려진 경우는 영문을 그대로 사용하되 잘 알려지지 않은 기관은 그 앞에 설명을 붙여 준다.
- 약어 영문 이니셜이 우리말로 굳어진 것은 우리말 발음대로 표기한다.

<보기>

㈎ '최한국 사장, 조대한 사장, 강민국 사장을 등 재계 주요 인사들은 모두 ~'

㈏ '버락오바마 미국 대통령의 임기는 ~'

㈐ '절강성 온주에서 열리는 박람회에는 ~'

㈑ '국제노동기구(ILO) 창설 기념일과 때를 같이하여 ILO 회원국들은 ~'

① ㈏

② ㈑

③ ㈎, ㈏

④ ㈎, ㈐, ㈑

18 다음 글의 문맥으로 보아 밑줄 친 단어의 쓰임이 올바른 것은?

우리나라의 저임금근로자가 소규모사업체 또는 자영업자에게 많이 고용되어 있기 때문에 최저임금의 급하고 과도한 인상은 많은 자영업자의 추가적인 인건비 인상을 ㉠<u>표출할</u> 것이다. 이것은 최저임금위원회의 심의 과정에서 지속적으로 논의된 사안이며 ㉡<u>급박한</u> 최저임금 인상에 대한 가장 강력한 반대 논리이기도 하다. 아마도 정부가 최저임금 결정 직후에 매우 포괄적인 자영업 지원대책을 발표한 이유도 이것 때문으로 보인다. 정부의 대책에는 기존의 자영업 지원대책을 비롯하여 1차 분배를 개선하기 위한 장·단기적인 대책과 단기적 충격 완화를 위한 현금지원까지 포함되어 있다. 현금지원의 1차적인 목적은 자영업자 보호이지만 최저임금제도가 근로자 보호를 위한 제도이기 때문에 궁극적인 목적은 근로자의 고용 안정 도모이다. 현금지원에 고용안정자금이라는 꼬리표가 달린 이유도 이 때문일 것이다.

정부의 현금지원 발표 이후 이에 대한 비판이 쏟아졌다. 비판의 요지는 자영업자에게 최저임금 인상으로 인한 추가적인 인건비 부담을 현금으로 지원할거면 최저임금을 덜 올리고 현금지원 예산으로 근로 장려세제를 ㉢<u>축소하면</u> 되지 않느냐는 것이다. 그러나 이는 두 정책의 대상을 ㉣<u>혼동하기</u> 때문에 제기되는 주장이라고 판단된다. 최저임금은 1차 분배 단계에서 임금근로자를 보호하기 위한 제도적 틀이고 근로 장려세제는 취업의 의지가 낮은 노동자의 노동시장 참여를 유보하기 위해 고안된 사회부조(2차 분배)라는 점을 기억해야 할 것이다. 물론 현실적으로 두 정책의 적절한 조합이 필요할 것이다.

① ㉠

② ㉡

③ ㉢

④ ㉣

19 다음 단락을 논리적 흐름에 맞게 바르게 배열한 것은?

> (가) 자본주의 사회에서 상대적으로 부유한 집단, 지역, 국가는 환경적 피해를 약자에게 전가하거나 기술적으로 회피할 수 있는 가능성을 가진다.
>
> (나) 오늘날 환경문제는 특정한 개별 지역이나 국가의 문제에서 나아가 전 지구적 문제로 확대되었지만, 이로 인한 피해는 사회·공간적으로 취약한 특정 계층이나 지역에 집중적으로 나타나는 환경적 불평등을 야기하고 있다.
>
> (다) 인간사회와 자연환경 간의 긴장관계 속에서 발생하고 있는 오늘날 환경위기의 해결 가능성은 논리적으로 뿐만 아니라 역사적으로 과학기술과 생산조직의 발전을 규정하는 사회적 생산관계의 전환을 통해서만 실현될 수 있다.
>
> (라) 부유한 국가나 지역은 마치 환경문제를 스스로 해결한 것처럼 보이기도 하며, 나아가 자본주의 경제체제 자체가 환경문제를 해결(또는 최소한 지연)할 수 있는 능력을 갖춘 것처럼 홍보되기도 한다.

① (가) – (나) – (라) – (다)

② (나) – (가) – (다) – (라)

③ (나) – (가) – (라) – (다)

④ (나) – (라) – (가) – (다)

20 다음에 제시된 문장의 빈칸 ㉠~㉢에 들어갈 알맞은 말을 순서대로 나열한 것은?

> • 선약이 있어서 모임에 (㉠)이(가) 어렵게 되었다.
> • 홍보가 부족했는지 사람들의 (㉡)이(가) 너무 적었다.
> • 그 모임에는 (㉢)하는 데에 의의를 두자.
> • 손을 뗀다고 했으면 (㉣)을(를) 말아라.
> • 애 학교에서 하는 공개수업에 (㉤)할 예정이다.

① 참여, 참석, 참가, 참견, 참관

② 참석, 참여, 참관, 참견, 참가

③ 참석, 참가, 참여, 참견, 참관

④ 참석, 참여, 참가, 참견, 참관

수리능력

21 어떤 제품을 정가에서 20% 할인하여 팔아도 원가의 20%만큼 이득을 보려고 한다. 원가에 몇 %만큼 정가를 책정해야 하는가?

① 30%

② 40%

③ 50%

④ 60%

22 A국은 상대적으로 자본이 풍부하고 B국은 노동력이 풍부하다. A·B국이 하나의 시장경제로 통합될 경우, 통합 이전과 비교하여 A국의 임금과 이자율의 변동 상황으로 적절한 설명은 어느 것인가? (단, A·B국 노동력은 숙련도 차이가 없으며, 외국과의 자본, 노동 이동이 없다고 가정한다)

① 임금은 상승하고 이자율은 하락할 것이다.

② 임금은 하락하고 이자율은 상승할 것이다.

③ 임금과 이자율 모두 하락할 것이다.

④ 임금과 이자율 모두 상승할 것이다.

| 23-24 | 다음 예시자료를 보고 이어지는 물음에 답하시오.

〈연도별 교통사고 발생건수 현황〉

(단위 : 건)

연도	구분	교통사고 발생건수		
		합계	서울	경기
2017	계	3,937	1,663	2,274
	시내버스	3,390	1,451	1,939
	시외버스	547	212	335
2018	계	4,139	1,630	2,509
	시내버스	3,578	1,413	2,165
	시외버스	561	217	344
2019	계	4,173	1,727	2,446
	시내버스	3,670	1,507	2,163
	시외버스	503	220	283
2020	계	4,234	1,681	2,553
	시내버스	3,723	1,451	2,272
	시외버스	511	230	281
2021	계	4,401	1,615	2,786
	시내버스	3,859	1,412	2,447
	시외버스	542	203	339

23 위의 도표에 대한 올바른 분석을 다음 〈보기〉에서 모두 고른 것은 어느 것인가?

〈보기〉

가. 2017~2021년 동안 전체 교통사고 발생 건수는 지속적으로 증가하였다.

나. 경기 지역의 2017~2021년의 연간 평균 시외버스 교통사고 발생건수는 300건이 넘는다.

다. 2021년의 시외버스 사고건수 1건당 시내버스 사고건수는 서울지역이 더 많다.

라. 전체 사고건수 중 시외버스가 차지하는 비율은 2017~2021년 동안 모두 2%p 이내의 차이를 보인다.

① 나, 다, 라 　　　　② 가, 나, 다

③ 가, 다, 라 　　　　④ 가, 나, 라

24 위 데이터의 연도별, 버스 종류별 수치를 한눈에 비교해 보기 위하여 그래프를 추가하려고 한다. 다음 보기 중 수치를 비교해 보기 위한 가장 적절한 그래프는 어느 것인가?

① 원 그래프   ② 막대그래프

③ 레이디 차트   ④ 점 그래프

25 다음 도표의 빈 칸 ㉠, ㉡에 들어갈 알맞은 수치는 순서대로 각각 어느 것인가? (금액은 소수점 이하 절삭 후 원 단위 표시, 증감률은 반올림하여 소수점 첫째 자리까지 표시함)

〈연도별 자산 및 부채 현황〉

(단위 : 만 원, %)

	자산총액	금융자산	저축액	전월세보증금	실물자산	부동산	부채총액	금융부채	임대보증금	순자산액
2015	29,765	6,903	5,023	1,880	22,862	21,907	5,205	3,597	1,608	24,560
2016	32,324	8,141	5,910	2,231	24,184	22,505	5,450	3,684	1,766	26,875
2017	32,688	8,827	6,464	2,363	23,861	22,055	5,858	3,974	1,884	26,831
2018	33,539	9,013	6,676	2,338	24,526	22,678	6,051	4,118	1,933	27,488
2019	34,685	9,290	6,926	2,363	25,396	23,649	6,256	4,361	1,896	28,429
2020	36,637	9,638	7,186	2,453	26,999	25,237	6,719	4,721	1,998	29,918
2021	( )	(㉠)	( )	2,501	28,380	26,635	7,022	4,998	2,024	31,138
증감률	4.2	( )	1.3	(㉡)	5.1	5.5	4.5	5.9	1.3	4.1

① 9,650 / 1.9

② 9,685 / 2.0

③ 9,735 / 1.5

④ 9,780 / 2.0

26 논벼의 수익성을 다음 표와 같이 나타낼 때, 빈칸 (A), (B)에 들어갈 수치는 차례대로 각각 얼마인가?

(단위 : 원, %, %p)

구분	2020년	2021년	전년대비	
			증감	증 감 률
□ 총 수 입(a)	856,165	974,553	118,388	13.8
□ 생 산 비(b)	674,340	691,374	17,033	2.5
□ 경 영 비(c)	426,619	(A)	6,484	1.5
□ 순 수 익(a)−(b)	181,825	283,179	101,355	55.7
◦ 순수익률*	21.2	29.1	7.8	
□ 소 득(a)−(c)	429,546	541,450	111,904	26.1
◦ 소 득 률*	(B)	55.6	5.4	

* 순수익률=(순수익÷총수입)×100, 소득률=(소득÷총수입)×100

① 433,103 / 45.2

② 433,103 / 50.2

③ 423,605 / 45.2

④ 423,605 / 50.2

27 주희가 극장에서 영화를 보고 있는데 현재 시간은 1시 35분이고, 영화는 30분 전에 시작하였다. 2시간 25분 동안 영화가 상영된다면 이 때 종료시각의 시침과 분침의 각도차는 얼마인가?

① 45도   ② 60도

③ 75도   ④ 90도

28 핸드폰을 제조하는 S전자는 고가 폰인 A와 중저가 폰인 B, 두 종류의 핸드폰을 생산한다. 지난주 두 제품의 총 생산량은 1만 대였다. 이번 주 생산량은 지난주의 총 생산량보다 3%가 증가하였으나 A는 지난주 보다 10% 감소, B는 10% 생산량이 증가하였다. 이번 주 A의 생산량은 몇 개인가?

① 3,000개
② 3,150개
③ 3,370개
④ 3,590개

29 다음은 '갑' 지역의 연도별 65세 기준 인구의 분포를 나타낸 예시자료이다. 이에 대한 올바른 해석은 어느 것인가?

구분	인구 수(명)		
	계	65세 미만	65세 이상
2014년	66,557	51,919	14,638
2015년	68,270	53,281	14,989
2016년	150,437	135,130	15,307
2017년	243,023	227,639	15,384
2018년	325,244	310,175	15,069
2019년	465,354	450,293	15,061
2020년	573,176	557,906	15,270
2021년	659,619	644,247	15,372

① 65세 미만 인구수는 조금씩 감소하였다.
② 전체 인구수는 매년 지속적으로 증가하였다.
③ 65세 이상 인구수는 매년 지속적으로 증가하였다.
④ 65세 이상 인구수는 매년 전체의 5% 이상이다.

30 다음은 A지역에서 개최하는 전시회의 연도별, 기업별 부스 방문객 현황을 나타낸 예시자료이다. 이를 통해 알 수 있는 내용으로 적절하지 않은 것은?

(단위 : 명)

전시기업 \ 연도	2016	2017	2018	2019	2020	2021
甲 기업	1,742	2,011	2,135	2,243	2,413	2,432
乙 기업	2,418	2,499	2,513	2,132	2,521	2,145
丙 기업	3,224	3,424	3,124	3,017	3,114	3,011
丁 기업	1,245	1,526	1,655	1,899	2,013	2,114
戊 기업	2,366	2,666	2,974	3,015	3,115	3,458
己 기업	524	611	688	763	1,015	1,142
庚 기업	491	574	574	630	836	828
전체	12,010	13,311	13,663	13,699	15,027	15,130

① 전시회의 연도별 전체 방문객 방문 현황을 알 수 있다.

② 전시회 참여 업체의 평균 방문객 수를 알 수 있다.

③ 각 기업별 전시회 참여를 통한 매출 변동을 알 수 있다.

④ 방문객이 가장 많은 기업의 연도별 방문객 변동 내역을 확인할 수 있다.

자원관리능력

31 다음에 제시된 박 대리의 소비 패턴을 보고 적절하게 추론할 수 있는 것을 〈보기〉에서 모두 고른 것은?

> 합리적인 선택을 하는 박 대리는 외식, 책, 의류 구입을 위한 소비를 하였다. 지난주 외식, 책, 의류 구입 가격은 각각 2만 원, 3만 원, 2만 원이었고, 박 대리의 소비 횟수는 각각 7회, 3회, 6회였다. 이번 주말에 외식, 책, 의류 구입의 가격이 각각 3만 원, 2만 원, 3만 원으로 변하였고, 이에 따라 박 대리의 이번 주 소비 횟수도 5회, 4회, 4회로 바뀌었다.
>
> 박 대리는 매주 정해진 동일한 금액을 책정하여 남기지 않고 모두 사용하며, 최고의 만족도를 얻는 방향으로 소비한다.

―――――――― 〈보기〉 ――――――――

㈎ 지난주에 박 대리가 이번 주와 동일한 소비를 하기에는 책정한 돈이 부족하다.
㈏ 이번 주에 박 대리가 지난주와 동일한 소비를 하기에는 책정한 돈이 부족하다.
㈐ 박 대리가 이번 주 소비에서 얻는 만족도는 지난주 소비에서 얻는 만족도보다 높거나 같다.
㈑ 박 대리가 지난주 소비에서 얻는 만족도는 이번 주 소비에서 얻는 만족도보다 높거나 같다.

① ㈎, ㈏   ② ㈎, ㈐
③ ㈎, ㈑   ④ ㈏, ㈑

32 200만 원을 가진 甲은 다음 A, B프로젝트 중 B프로젝트에 투자하기로 결정하였다. 甲의 선택이 합리적이기 위한 B프로젝트 연간 예상 수익률의 최저 수준으로 가장 적절한 것은? (단, 각 프로젝트의 기간은 1년으로 가정한다.)

> • A프로젝트는 200만 원의 투자 자금이 소요되고, 연 9.0%의 수익률이 예상된다.
> • B프로젝트는 400만 원의 투자 자금이 소요되고, 부족한 돈은 연 5.0%의 금리로 대출받을 수 있다.

① 8.1%   ② 7.1%
③ 6.1%   ④ 5.1%

33 길동이는 크리스마스를 맞아 그동안 카드 사용 실적에 따라 적립해 온 마일리지를 이용해 국내 여행(편도)을 가려고 한다. 길동이의 카드 사용 실적과 마일리지 관련 내역이 다음과 같을 때의 상황에 대한 올바른 설명은?

〈카드 적립 혜택〉
– 연간 결제금액이 300만 원 이하 : 10,000원당 30마일리지
– 연간 결제금액이 600만 원 이하 : 10,000원당 40마일리지
– 연간 결제금액이 800만 원 이하 : 10,000원당 50마일리지
– 연간 결제금액이 1,000만 원 이하 : 10,000원당 70마일리지
※ 마일리지 사용 시점으로부터 3년 전까지의 카드 실적을 기준으로 함.

〈길동이의 카드 사용 내역〉
– 재작년 결제 금액 : 월 평균 45만 원
– 작년 결제 금액 : 월 평균 65만 원

〈마일리지 이용 가능 구간〉

목적지	일반석	프레스티지석	일등석
울산	70,000	90,000	95,000
광주	80,000	100,000	120,000
부산	85,000	110,000	125,000
제주	90,000	115,000	130,000

---

① 올해 카드 결제 금액이 월 평균 80만 원이라면, 일등석을 이용하여 제주로 갈 수 있다.

② 올해 카드 결제 금액이 월 평균 60만 원이라면, 일등석을 이용하여 광주로 갈 수 없다.

③ 올해에 카드 결제 금액이 전무해도 일반석을 이용하여 울산으로 갈 수 있다.

④ 올해 카드 결제 금액이 월 평균 70만 원이라면 프레스티지석을 이용하여 제주로 갈 수 없다.

다음 네 명의 임원들은 회의 참석차 한국으로 출장을 오고자 한다. 이들의 현지 이동 일정과 이동 시간을 참고할 때, 한국에 도착하는 시간이 빠른 순서대로 바르게 나열한 것은?

구분	출발국가	출발시각(현지시간)	소요시간
H상무	네덜란드	12월 12일 17:20	13시간
P전무	미국 동부	12월 12일 08:30	14시간
E전무	미국 서부	12월 12일 09:15	11시간
M이사	터키	12월 12일 22:30	9시간

※ 현지시간 기준 한국은 네덜란드보다 8시간, 미국 동부보다 14시간, 미국 서부보다 16시간, 터키보다 6시간이 빠르다. 예를 들어, 한국이 11월 11일 20시일 경우 네덜란드는 11월 11일 12시가 된다.

① P전무 – E전무 – M이사 – H상무
② E전무 – P전무 – H상무 – M이사
③ E전무 – P전무 – M이사 – H상무
④ E전무 – M이사 – P전무 – H상무

35 경상북도에서는 다음과 같은 경영실적사례를 공시하였다. 아래의 표에서 물류비의 10% 절감은 몇%의 매출액 증가효과와 동일한가?

- 매출액 : 2,000억 원
- 물류비 : 400억 원
- 기타 비용 : 1,500억 원
- 경상이익 : 100억 원

① 20%   ② 25%
③ 30%   ④ 40%

〈입장료 안내〉

좌석명	입장권가격		K팀 성인회원		K팀 어린이회원	
	주중	주말/공휴일	주중	주말/공휴일	주중	주말/공휴일
프리미엄석	70,000원					
테이블석	40,000원					
블루석	12,000원	15,000원	10,000원	13,000원	6,000원	7,500원
레드석	10,000원	12,000원	8,000원	10,000원	5,000원	6,000원
옐로석	9,000원	10,000원	7,000원	8,000원	4,500워	5,000원
그린석(외야)	7,000원	8,000원	5,000원	6,000원	무료입장	

〈S카드 할인〉

구분	할인내용	비고
K팀 S카드	3,000원/장 할인	청구 시 할인(카드명세서 청구 시 반영)
K팀 L카드	3,000원/장 할인	결제 시 할인
S카드	2,000원/장 할인	청구 시 할인(카드명세서 청구 시 반영)
L카드	2,000원/장 할인	결제 시 할인

주말 가격은 금/토/일 및 공휴일 경기에 적용됩니다.(임시 공휴일 포함)

2. 어린이 회원은 만 15세 이하이며, 본인에 한해 할인이 적용됩니다.(매표소에서 회원카드 제시)

3. 국가유공자, 장애우, 경로우대자(65세 이상)는 국가유공자증, 복지카드 및 신분증 제시 후 본인에 한하여 외야석 50% 할인됩니다. On-line 인증 문제로 예매 시에는 혜택이 제공되지 않습니다.

4. 우천 취소 시 예매 및 카드구입은 자동 결제 취소되며, 현장 현금 구매분은 매표소에서 환불 받으실 수 있습니다.

5. 보호자 동반 미취학 아동(7세 이하)은 무료입장이 가능하나, 좌석은 제공되지 않습니다.

6. 암표 구입 시 입장이 제한됩니다.

※ 올 시즌 변경사항(취소수수료 청구)

　→다양한 회원들의 관람을 위해 금년부터 예매 익일 취소할 경우 결제금액의 10%에 해당하는 취소수수료가 청구됩니다.(최소 취소수수료 1,000원 청구) 단, 예매일과 취소일이 같을 경우 취소수수료는 청구되지 않습니다.

36 다음 중 위의 안내 사항에 대한 올바른 판단이 아닌 것은?

① "내일 경기 관람을 위해 오늘 예매한 입장권을 수수료 없이 취소하려면 오늘 중에 취소해야 하는 거구나."

② "여보, 우리 애는 5살이니까 당신이 데려 가면 무료입장도 가능하네요. 외야 자리만 가능하다니까 그린 석으로 당신 표 얼른 예매하세요."

③ "다음 주 월요일이 공휴일이니까 연속 4일 간은 주말 요금이 적용되겠구나."

④ "난 K팀 L카드가 있는 성인회원이니까, 주중에 레드석에서 관람하려면 5,000원밖에 안 들겠구나."

37 김 과장은 여름 휴가철을 맞아 아이들과 함께 평소 좋아하던 K팀의 야구 경기를 보러가려 한다. 다음 인원이 함께 야구 관람을 할 경우, 카드 결제를 해야 할 전 인원의 총 입장료 지불 금액은 얼마인가?

- 관람일 15일 금요일, 전원 블루석에서 관람 예정
- 김 과장(K팀 성인회원), 김 과장 아내(비회원), 김 과장 노부(72세, 비회원)
- 큰 아들(18세, 비회원), 작은 아들(14세, K팀 어린이 회원)
- 작은 아들 친구 2명(K팀 어린이 회원)
- 김 과장의 가족 5인은 김 과장이 K팀 L카드로 결제하며, 작은 아들의 친구 2명은 각각 S카드로 결제함.

① 58,000원

② 60,000원

③ 61,000원

④ 65,500원

▎38-39▎ 다음은 A, B 두 경쟁회사의 판매제품별 시장 내에서의 기대 수익을 표로 나타낸 자료이다. 이를 보고 물음에 답하시오.

〈판매 제품별 수익체계〉

A회사		B회사		
		P제품	Q제품	R제품
	P 제품	(5, −1)	(3, −1)	(−6, 3)
	Q 제품	(−1, 3)	(−3, 2)	(3, 2)
	R 제품	(−2, 6)	(4, −1)	(−1, −2)

− 괄호 안의 숫자는 A회사와 B회사의 제품으로 얻는 수익(억 원)을 뜻한다.(A회사 월 수익 액, B회사의 월 수익 액)

− ex) A회사가 P제품을 판매하고 B회사가 Q제품을 판매하였을 때 A회사의 월 수익 액은 3억 원이고, B회사의 월 수익 액은 −1억 원이다.

〈분기별 소비자 선호 품목〉

구분	1분기	2분기	3분기	4분기
선호 품목	Q제품	P제품	R제품	P, R제품

− 제품별로 분기에 따른 수익의 증감률을 의미한다.

− 시기별 해당 제품의 홍보를 진행하면 월 수익의 50%가 증가, 월 손해의 50%가 감소된다.

38 다음 중 4분기의 A회사와 B회사의 수익의 합이 가장 클 경우는 양사가 각각 어느 제품을 판매하였을 때인가?

① A회사 : Q제품, B회사 : Q제품

② A회사 : R제품, B회사 : Q제품

③ A회사 : Q제품, B회사 : P제품

④ A회사 : R제품, B회사 : P제품

39 1분기와 2분기에 모두 양사가 소비자 선호 제품을 홍보하였을 때, 1분기로부터 변동된 2분기의 수익 현황에 대하여 바르게 설명한 것은?

① A회사는 R제품을 판매할 때의 수익 현황에 변동이 있다.

② 1분기와 2분기에 가장 많은 수익이 발생하는 양사 제품의 조합은 동일하다.

③ 1분기와 2분기에 동일한 수익 구조가 발생하는 양사 제품의 조합은 없다.

④ B회사는 1분기에 Q제품을 판매하는 것이 2분기에 Q제품을 판매하는 것보다 더 유리하다.

40 다음 재고 현황을 통해 파악할 수 있는 완성품의 최대 수량과 완성품 1개당 소요 비용은 얼마인가? (단, 완성품은 A, B, C, D의 부품이 모두 조립되어야 하고 다른 조건은 고려하지 않는다)

부품명	완성품 1개당 소요량(개)	단가(원)	재고 수량(개)
A	2	50	100
B	3	100	300
C	20	10	2,000
D	1	400	150

	완성품의 최대 수량(개)	완성품 1개당 소요 비용(원)
①	50	100
②	50	500
③	50	1,000
④	100	500

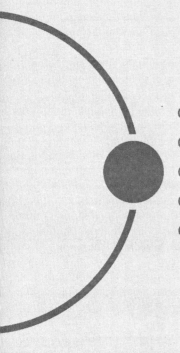

PART

02

정답 및 해설

1	②	2	③	3	③	4	②	5	③	6	③	7	①	8	②	9	①	10	②
11	④	12	①	13	②	14	③	15	③	16	②	17	④	18	②	19	④	20	①
21	③	22	①	23	②	24	①	25	②	26	④	27	②	28	③	29	③	30	③
31	③	32	④	33	③	34	①	35	③	36	④	37	③	38	④	39	③	40	④

1. ②

보완적 평가방식은 각 상표에 있어 어떤 속성의 약점을 다른 속성의 강점에 의해 보완하여 전반적인 평가를 내리는 방식을 의미한다. 한 가지 예로서 비행기의 경우 속성별 평가점수가 4, 4, 7, 9점이며, 각 속성이 평가에서 차지하는 중요도는 20, 30, 40, 50이므로, 이러한 가중치를 각 속성별 평가점수에 곱한 후에 이를 모두 더하면 930이 된다. 이러한 방식으로 계산하면 그 결과는 아래와 같다.

• 비행기 : $(20 \times 4) + (30 \times 4) + (40 \times 7) + (50 \times 9) = 930$
• 기차 : $(20 \times 5) + (30 \times 4) + (40 \times 5) + (50 \times 8) = 820$
• 고속버스 : $(20 \times 4) + (30 \times 5) + (40 \times 7) + (50 \times 5) = 760$
• 승용차 : $(20 \times 3) + (30 \times 7) + (40 \times 8) + (50 \times 6) = 890$

2. ③

인천에서 모스크바까지 8시간이 걸리고, 6시간이 인천이 더 빠르므로
09 : 00시 출발 비행기를 타면 9+(8-6)=11시 도착
19 : 00시 출발 비행기를 타면 19+(8-6)=21시 도착
02 : 00시 출발 비행기를 타면 2+(8-6)=4시 도착

3. ③

주어진 조건에 따라 선택지의 날짜에 해당하는 당직 근무표를 정리해 보면 다음과 같다.

구분	갑	을	병	정
A	2일, 14일		8일	
B		3일		9일
C	10일		4일	
D		11일		5일
E	6일		12일	
F		7일		13일

따라서 A와 갑이 2일 날 당직 근무를 섰다면 E와 병은 12일 날 당직 근무를 서게 된다.

4. ②

우수한 의견을 즉석에서 판단하려는 것은 다듬어지지 않은 많은 양의 아이디어를 도출해내고자 하는 브레인스토밍에 해로운 방식이다.

① 직원들에게 부담 없이 자유롭게 의견을 개진할 수 있는 분위기를 만들어주는 바람직한 방법으로 볼 수 있다.

③ 신선하고 참신한 아이디어를 얻을 수 있고 모든 구성원을 참여시킬 수 있는 방법으로 브레인스토밍에 적절하다.

④ 브레인스토밍은 서로를 쳐다보며 동등한 위치에서 회의를 진행할 수 있는 원형 좌석배치가 적절한 방법이다.

5. ③

두 번째 정보에서 테이블 1개＋의자 1개＝서류장 2개임을 알 수 있다. 세 번째 정보에서 두 번째 정보를 대입하면 서류장 1개＝의자 2개가 되며 테이블 1개＝의자 3개가 된다. 따라서 서류장 10개＋의자 10개＝의자 30개이며, 의자 30개＝테이블 10이다.

6. ③

㉣의 대우 명제 '가돌이를 좋아하는 사람이 있으면 마돌이가 가돌이를 좋아한다'가 되므로 마돌이는 가돌이가 좋아할 가능성이 있는 사람이다. 따라서 가돌이가 마돌이를 좋아하므로 라돌이는 가돌이를 좋아하지 않는다(㉠). ㉮에 의해 다돌이는 라돌이를 좋아하지 않는다. ㉢의 대우 명제 '라돌이가 다돌이를 싫어하고 가돌이가 라돌이를 싫어하면 바돌이가 가돌이를 싫어한다'가 되며 전제(라돌이가 다돌이를 싫어함, 가돌이가 라돌이를 싫어함)가 모두 참이므로 바돌이는 가돌이를 싫어한다. ㉮의 대우 명제 '가돌이가 누군가를 좋아하면 가돌이와 나돌이가 서로 좋아하거나 가돌이가 다돌이를 좋아한다'와 ㉡의 명제를 통해 나돌이와 다돌이도 가돌이가 좋아할 가능성이 있는 사람이다. 따라서 가돌이가 좋아할 가능성이 있는 사람은 나돌, 다돌, 마돌이다.

7. ①

세 사람은 모두 각기 다른 동에 사무실이 있으며, 어제 갔던 식당도 서로 겹치지 않는다.
• 세 번째 조건 후단에서 갑동이와 을순이는 어제 11동 식당에 가지 않았다고 하였으므로, 어제 11동 식당에 간 것은 병호이다. 따라서 병호는 12동에 근무하며 11동 식당에 갔었다.
• 네 번째 조건에 따라 을순이는 11동에 근무하므로, 남은 갑동이는 10동에 근무한다.
• 두 번째 조건 전단에 따라 을순이가 10동 식당에, 갑동이가 12동 식당을 간 것이 된다. 따라서 을순이는 11동에 사무실이 있으며, 어제 갔던 식당은 10동에 위치해 있다.

8. ②

A가 파티에 참석할 시 C와 F도 참석하며, C가 참석하는 경우는 B도 참석해야 한다. A는 B가 참석하면 파티에 참석하지 않는다고 했으므로 원칙에 성립되지 않는다. 따라서 A가 참석하지 않을 수 있는 경우는 B와 C만 참석하는 경우이므로 최대인원은 2명이 된다.

9. ①

문제처리능력이란 목표와 현상을 분석하고 이 분석결과를 토대로 문제를 도출하여 최적의 해결책을 찾아 실행, 평가처리해 나가는 일련의 활동을 수행하는 능력이라 할 수 있다. 이러한 문제처리능력은 문제해결절차를 의미하는 것으로, 일반적인 문제해결절차는 문제 인식, 문제 도출, 원인 분석, 해결안 개발, 실행 및 평가의 5단계를 따른다. ① 주어진 〈보기〉의 ㈎~㈏의 내용은 문제해결절차 5단계를 역순으로 제시해 놓았다.

10. ②

갑, 을, 병의 진술과 과음을 한 직원의 수를 기준으로 표를 만들어 보면 다음과 같다.

진술자 \ 과음직원	0명	1명	2명	3명
갑	거짓	참	거짓	거짓
을	거짓	거짓	참	거짓
병	거짓	참	참	거짓

- 과음을 한 직원의 수가 0명인 경우, 갑, 을, 병 모두 거짓을 말한 것이 되어 결국 모두 과음을 한 것이 된다. 따라서 이 경우는 과음을 한 직원의 수가 0명이라는 전제와 모순이 생기게 된다.
- 과음을 한 직원의 수가 1명인 경우, 을만 거짓을 말한 것이므로 과음을 한 직원의 수가 1명이라는 전제에 부합한다. 이 경우에는 을이 과음을 한 것이 되며, 갑과 병은 과음을 하지 않은 것이 된다.
- 과음을 한 직원의 수가 2명인 경우, 갑만 거짓을 말한 것이 되므로 과음을 한 직원의 수가 1명이 된다. 따라서 이 역시 과음을 한 직원의 수가 2명이라는 전제와 모순이 생기게 된다.
- 과음을 한 직원의 수가 3명인 경우, 갑, 을, 병 모두 거짓을 말한 것이 되어 과음을 한 직원의 수가 3명이 될 것이며, 이는 전제와 부합하게 된다.

따라서 4가지의 경우 중 모순 없이 발생 가능한 경우는 과음을 한 직원의 수가 1명 또는 3명인 경우가 되는데, 이 두 경우에 모두 거짓을 말한 을은 과음을 한 직원이라고 확신할 수 있다. 그러나 이 두 경우에 모두 사실을 말한 사람은 없으므로, 과음을 하지 않은 것이 확실한 직원은 아무도 없다.

11. ④

현혹효과(Halo Effect)는 어떤 한 부분에 있어 어떠한 사람에 대해서 호의적인 태도 등이 다른 부분에 있어서도 그 사람에 대한 평가에 영향을 주는 것을 의미하는데, 예를 들어 종업원 선발 시 면접관에게 면접에서 좋은 인상을 준 사람에 대해, 면접관들이 생각할 때 그 사람에게서 좋은 인상을 받은 만큼 업무에 대한 책임감이나 능력 등도 좋은 것이라고 판단하는 것을 의미한다. ①번은 지각적 방어, ②번은 대비오차, ③번은 관대화 경향을 각각 설명한 것이다.

12. ①

제시된 내용은 교통사고가 교통 법규를 제대로 지키지 않은 데서 발생하며, 이를 근절하기 위해 보다 엄격한 교통 법규가 필요함을 강조하고 있다.

13. ②

지문에서는 조세 부과 시 고려해야 하는 요건인 효율성 및 공평성을 제시하고 공평성을 편익 원칙 및 능력 원칙으로 구분하고 다시 능력 원칙을 수직적 공평 및 수평적 공평으로 구분하여 설명하고 있다.
① 두 입장에 대한 절충은 나타나 있지 않다.
③ 대상을 유사한 대상에 빗대어 소개하고 있지 않다.
④ 통념을 반박하고 있지도 않으며, 속성에 새롭게 조명하고 있지 않다.

14. ③

소득 재분배 효과는 능력 원칙 즉 공평성을 확보하였을 때 얻을 수 있는 것이지 효율성을 통해서 얻을 수 있는 것이 아니다. 그러므로 효율성은 공평성과 달리 소득 재분배를 목적으로 한다고 할 수 없다.

15. ③

담배 자동판매기가 국민건강증진법에 허용된 장소에 설치되어 있다고 자료에서 이미 밝히고 있으므로 대책에 대한 구상으로 적절하지 않다.

16. ②

제시 글을 통해 알 수 있는 합리적 기대이론의 의미는 가계나 기업 등 경제주체들은 활용가능한 모든 정보를 활용해 경제상황의 변화를 합리적으로 예측한다는 것으로, 이에 따르면 공개된 금융, 재정 정책은 합리적 기대이론에 의한 경제주체들의 선제적 반응으로 무력화되고 만다. 보기 ②에서 언급된 내용은 이와 정반대로 움직이는 경제주체의 모습을 설명한 것으로, 경제주체들이 드러난 정보를 무시하고 과거의 실적치만으로 기대를 형성하는 기대오류를 범한다고 보는 견해이다.

17. ④

염증 생성 억제 효과를 확인한 실험을 통해 연구진은 풋 귤의 폴리페놀과 플라보노이드 함량이 감귤의 2배 이상이라고 언급하였으며, 이것은 폴리페놀과 플라보노이드가 염증 생성 물질인 일산화질소와 염증성 사이토카인을 억제한 것이라고 설명하고 있다.

18. ②

'컨스터블의 그림은 당시 풍경화의 주요 구매자였던 영국 귀향의 취향에서 어긋나 그다지 인기를 끌지 못했다. 당시 유행하던 픽처레스크 풍경화는 도식적이고 이상화된 풍경 묘사에 치중했지만, 컨스터블의 그림은 평범한 시골의 전원 풍경을 사실적으로 묘사한 것처럼 보인다에서 알 수 있듯이 사실적 화풍으로 제작되어 당시 영국 귀족들에게 선호되지 못했다는 것을 유추할 수 있다.

19. ④

모네는 인상주의 화가로서 대상의 고유한 색은 존재하지 않는다고 생각했다. 그러므로 모네가 고유한 색을 표현하려 했다는 진술은 적절하지 않다.

20. ①

② 대상에 대해 복잡한 형태로 추상화하여 대상에 대한 전체적인 느낌을 부각하는 방법을 시도한 것은 세잔의 화풍이 아니므로 적절하지 않다.

③ 사물에 대해 최대한 정확히 묘사하기 위해 전통적 원근법을 독창적 방식으로 변용한 것은 세잔의 화풍이 아니므로 이 역시 적절하지 않다.

④ 시시각각 달라지는 자연을 관찰 및 분석해 대상에 대한 인상을 그려 내는 화풍을 정립한 것은 세잔이 아니므로 적절하지 않다.

21. ③

60km의 거리를 올라갈 때 10시간 걸렸으므로 속도는 6km/h, 내려갈 때는 6시간 걸렸으므로 속도는 10km/h 이다.

배의 속도를 x로, 강의 유속을 y라 하면

올라갈 때 $x + y = 10 - $ ㉠

내려갈 때 $x - y = 6 - $ ㉡

따라서 ㉠㉡을 연립해서 풀면 $x=8$, $y=2$

22. ①

$$_5C_3 = \frac{5 \times 4 \times 3}{3 \times 2 \times 1} = 10$$

23. ②

미진이가 10분 동안 분속 76m로 걸어간 거리는 760m이고, 민수가 10분 동안 분속 64m로 걸어간 거리는 640m이다. 총 둘레 2,200m에서 두 사람이 걸어간 거리를 빼면 800m이고, 이거리가 두 사람이 떨어져 있는 거리이다.

24. ①

1층에서 4층까지 가는데 걸리는 시간이 24초면 한 층을 가는데 걸리는 시간은 8초이다. 따라서 1층에서 9층까지 가려면 8층을 더 올라가야 하고 시간은 8×8=64초이다.

25. ②

과자의 개수를 x, 사탕의 개수를 y라 하면
$x+y=20$
$300x+100y+400=4,000$
위 방정식을 연립하면, $300x+100(20-x)+400=4,000$
$x=8$개, $y=12$개

26. ④

1분에 20명이 표를 끊고 15명이 새로 줄을 서므로, 1분에 5명씩 대기자가 줄어든다. 따라서 대기자가 0명이 되는 데 걸리는 시간은 20분($100÷5=10$)이다.

27. ②

여학생 수를 x라 하면 남학생 수는 $(30-x)$이다.
시험에 응시한 모든 학생의 총점은 2,100점이고, 이는 모든 여학생, 남학생의 점수를 합한 것과 같다. $80x+65(30-x)=2,100$에서 x는 10이므로 여학생 수는 10명이다.

28. ③

15명×3권+4권=49권
12명×5권=60권
총 60권이 필요한데 49권 밖에 없으므로 11권이 부족하다.

29. ③

현재 총 학생 수가 55명이고, 남녀 비율이 6:5이므로 남학생은 30명, 여학생은 25명이다. 전학 온 남학생의 수를 x라 하면, 남학생이 전학 오기 전 남학생 수는 $(30-x)$이다. 이를 비례식으로 나타내면 $(30-x):25=5:5$이다. 이 때 x는 5이므로 전학 온 남학생 수는 5명이다.

30. ③

인상 전 어른의 입장료를 x, 인상 전 어린이의 입장료를 y라 하면 아래와 같은 비례식을 만들 수 있다.
$x : y = 7 : 3$, $(x+5000) : (y+5000)=2 : 1$
x는 35,000원, y는 15,000원이므로 인상 후 어린이의 입장료는 20,000원이다.

31. ③

업무상 지출의 개념이 개인 가계에 적용될 경우, 의식주에 직접적으로 필요한 비용은 직접비용, 세금, 보험료 등의 비용은 간접비용에 해당된다. 따라서 간접비용은 보험료, 공과금, 자동차 보험료, 병원비로 볼 수 있다. 총 지출 비용이 10,201만 원이며, 이 중 간접비용이 20+55+11+15=101만 원이므로 101÷10,201×100=약 0.99%가 됨을 알 수 있다.

32. ④

보기1에 의하면 네 개 지역 총 선거인수가 817,820명이며 영덕군과 포항시의 총 선거인수를 더하여 40만 명이 넘어야 하므로 ㉣은 반드시 영덕군 또는 포항시가 된다.
보기2에 의하면 영덕군과 군산시의 기표소 투표자 합이 10만 명을 넘지 않아야 하므로 ㉣은 영덕군과 군산시가 될 수 없음을 알 수 있다. 따라서 보기1과 보기2에 의해 ㉣은 포항시가 될 수밖에 없다. 또한 영덕군과 군산시는 ㉠과 ㉢ 또는 ㉡과 ㉢중 한 지역이어야 한다.
보기3에 의해 경주시, 영덕군과 각각 5.1%p의 찬성율 차이를 보이는 ㉡이 군산시가 됨을 알 수 있다. 따라서 ㉢이 영덕군이 되며, 나머지 ㉠이 경주시가 됨을 알 수 있다. 따라서 이를 정리하면, 순서대로 경주시 - 군산시 - 영덕군 - 포항시가 된다.

33. ③

〈보기〉의 의견을 살펴보면 다음과 같다.

가. 중국, 미국, 인도 등의 나라가 소비 순위 1~3위를 차지하고 있다는 것은 인구수와 에너지 및 전력의 소비량이 대체적으로 비례한다고 볼 수 있다.

나. 단순 수치로 비교할 경우, 미국은 에너지 소비량 대비 석유 소비량이 $838 \div 2,216 \times 100 =$ 약 38% 수준이나, 일본은 $197 \div 442 \times 100 =$ 약 45% 수준이므로 일본이 가장 많다.

다. 석유 : 전력의 비율을 의미하므로 인도의 경우 $1,042 \div 181 =$ 약 5.8배이나 중국의 경우 $5,357 \div 527 =$ 약 10.2배이므로 중국의 비율 차이가 가장 크다(어림값으로도 비교 가능).

34. ①

두 사람이 받게 될 수당을 계산하여 표로 정리하면 다음과 같다.

	시간외 근무	야간 근무	휴일 근무	합계
오 과장	$320 \times 1.5 \div 200 \times 18 = 43.2$만 원	$320 \times 0.5 \div 200 \times 4 = 3.2$만 원	$320 \times 0.5 \div 200 \times 8 = 6.4$만 원	52.8만 원
권 대리	$280 \times 1.5 \div 200 \times 22 = 46.2$만 원	$280 \times 0.5 \div 200 \times 5 = 3.5$만 원	$280 \times 0.5 \div 200 \times 12 = 8.4$만 원	58.1만 원

따라서 두 사람의 수당 합계 금액은 52.8+58.1=110.9만 원이 된다.

35. ③

순환보직을 원칙으로 탄력적인 인력 배치는 조직의 상황과 개인의 역량 및 특성에 맞는 인력의 적재적소 배치를 위한 방안으로 볼 수 있다. 또한, 학력이나 연령 등의 폐지는 실제 업무에 필요한 능력과 자질을 갖추고도 학력이나 연령 제한에 의해 능력이 사장되는 상황을 방지할 수 있는 방안이 될 수 있어 능력주의 원칙으로 볼 수 있으며, 역량과 업적을 평가하여 각 조직 간 인력 배치의 균형을 이룰 수 있는 근거를 마련할 수 있다는 점에서 균형주의 원칙으로 볼 수 있다.

36. ④

자원을 적절하게 관리하기 위해서 거쳐야 하는 4단계의 자원관리 과정과 순서는 다음과 같다.

1. 어떤 자원이 얼마나 필요한지를 확인하기 → 2. 이용 가능한 자원을 수집(확보)하기 → 3. 자원 활용 계획 세우기 → 4. 계획에 따라 수행하기

따라서 각 단계를 설명하고 있는 내용은 (라) – (다) – (나) – (가)의 순이 된다.

37. ③

싱가포르의 경우 수에즈 운하를 경유하는 것이 가장 짧은 거리이며, 다음으로 파나마 운하, 희망봉의 순임을 알 수 있다.

38. ④

광산물의 경우 총 교역액에서 수출액이 차지하는 비중은 $39,456 \div 39,975 \times 100 =$ 약 98.7%이나, 잡제품의 경우 $187,132 \div 188,254 \times 100 =$ 약 99.4%의 비중을 보이고 있으므로 총 교역액에서 수출액이 차지하는 비중이 가장 큰 품목은 잡제품이다.

39. ③

무역수지가 가장 큰 품목은 잡제품으로 무역수지 금액은 $187,132 - 1,122 = 186,010$천 달러에 달하고 있다.

40. ④

한 달 평균 이동전화 사용 시간을 x라 하면 다음과 같은 공식이 성립한다.
$15,000 + 180x > 18,000 + 120x$
$60x > 3,000$
$x > 50$
따라서 x는 50분 초과일 때부터 B요금제가 유리하다고 할 수 있다.

1	④	2	②	3	②	4	④	5	④	6	②	7	③	8	③	9	④	10	④
11	③	12	④	13	④	14	③	15	③	16	④	17	②	18	②	19	③	20	②
21	③	22	③	23	②	24	③	25	③	26	④	27	①	28	③	29	③	30	④
31	④	32	②	33	④	34	①	35	③	36	②	37	④	38	③	39	②	40	④

1. ④

OJT(On the Job Training ; 사내교육훈련)는 다수의 종업원을 훈련하는 데에 있어 부적절하다.

2. ②

현재 발생하지 않았지만 장차 발생할지 모르는 문제를 예상하고 대비하는 일, 보다 나은 미래를 위해 새로운 문제를 스스로 설정하여 도전하는 일은 조직과 개인 모두에게 중요한 일이다. 이러한 형태의 문제를 설정형 문제라고 한다. 설정형 문제를 해결하기 위해서는 주변의 발생 가능한 문제들의 움직임을 관심을 가지고 지켜보는 자세가 필요하며, 또한 문제들이 발생했을 때 그것이 어떤 영향을 가져올지에 대한 논리적 추론이 가능해야 한다. 이러한 사고의 프로세스는 논리적 연결고리를 생성시킬 수 있는 추론의 능력이 요구된다고 볼 수 있다.

3. ②

S=Substitute : 기존의 것을 다른 것으로 대체해 보라.
C=Combine : A와 B를 합쳐 보라.
A=Adapt : 다른 데 적용해 보라.
M=Modify, Minify, Magnify : 변경, 축소, 확대해 보라.
P=Put to other uses : 다른 용도로 써 보라.
E=Eliminate : 제거해 보라.
R=Reverse, Rearrange : 거꾸로 또는 재배치해 보라.

4. ④

첫 번째 조건을 통해 목욕탕, 미용실, 은행은 C, D, E 중 한 곳, 교회와 편의점은 A, B 중 한 곳임을 알 수 있다. 두 번째 조건에 의하면 목욕탕과 교회 사이에 편의점과 또 하나의 건물이 있어야 한다. 이 조건을 충족하려면 A가 교회, B가 편의점이어야 하며 또한 D가 목욕탕이어야 한다. C와 E는 어느 곳이 미용실과 은행의 위치인지 주어진 조건만으로 알 수 없다. 따라서 보기 ④에서 언급된 바와 같이 미용실이 E가 된다면 은행은 C가 되어 교회인 A와 45m 거리에 있게 된다.

```
         A     B    C  D      E
K지점 ├──┼─────┼───┼─┼──────┤
      15m    40m  60m 70m   100m
```

5. ④

회의 시간이 런던을 기준으로 11월 1일 9시이므로, 이때 서울은 11월 1일 18시, 시애틀은 11월 1일 2시이다.

• 甲은 런던을 기준으로 말했으므로 甲이 프로젝트에서 맡은 업무를 마치는 시간은 런던기준 11월 1일 22시로, 甲이 맡은 업무를 마치는 데 필요한 시간은 22-9=13시간이다.

• 乙은 시애틀을 기준으로 이해하고 말했으므로 乙은 甲이 말한 乙이 말한 다음날 오후 3시는 시애틀 기준 11월 2일 15시이다. 乙은 甲이 시애틀을 기준으로 11월 1일 22시에 맡은 일을 끝내 줄 것이라고 생각하였으므로, 乙이 맡은 업무를 마치는 데 필요한 시간은 2+15=17시간이다.

• 丙은 서울을 기준으로 말했으므로 丙이 말한 모레 오전 10시는 11월 3일 10시이다. 丙은 乙이 서울을 기준으로 11월 2일 15시에 맡은 일을 끝내 줄 것이라고 생각하였으므로, 丙이 맡은 업무를 마치는 데 필요한 시간은 9+10=19시간이다. 따라서 계획대로 진행될 경우 甲, 乙, 丙이 맡은 업무를 끝내는 데 필요한 총 시간은 13+17+19=49시간으로, 2일하고 1시간이라고 할 수 있다. 이를 서울 기준으로 보면 11월 1일 18시에서 2일하고 1시간이 지난 후이므로, 11월 3일 19시이다.

6. ②

㉠ 수민 : 계약의 성과 중 일부를 나눈다고 하였으므로 지지에 상응하는 대가를 제공하는 '교환 전술'에 해당한다.

㉡ 홍진 : 공문에 근거한 것이고 절차상 아무 문제도 없다고 하였으므로 제안의 적법성을 인식시키는 '합법화 전술'에 해당한다.

7. ③

주어진 조건을 정리해 보면 마지막 줄에는 봉선, 문성, 승일이가 앉게 되며 중간 줄에는 동현이와 승만이가 앉게 된다. 그러나 동현이가 승만이 바로 옆 자리이며, 또한 빈자리가 바로 옆이라고 했으므로 승만이는 빈자리 옆에 앉지 못한다. 첫 줄에는 강훈이와 연정이가 앉게 되고 빈자리가 하나 있다. 따라서 연정이는 빈자리 옆에 배정받을 수 있다.

8. ③

기원이와 정아의 진술로 인해 기원이와 정아는 흰우유(A 또는 B)를 먹었다. 현욱이는 정아보다 용량이 많은 우유를 먹었으므로 현욱이가 먹은 우유는 D이고 나머지 C는 은영이가 먹은 우유가 된다.

9. ④

진열되는 음료는 다음과 같다.

콜라/사이다	우유	사이다/콜라	오렌지주스	이온음료
우유	콜라/사이다	오렌지주스	사이다/콜라	이온음료

10. ④

1) A가 진실을 말할 때,

　A : 파란색 구슬, B : 파란색 구슬, C : 노란색 구슬

　이 경우, 빨간색 구슬을 가진 사람이 없어서 모순이다.

2) B가 진실을 말할 때,

　A : 빨간색 또는 노란색 구슬, B : 빨간색 또는 노란색 구슬, C : 노란색 구슬

　이 경우, 파란색 구슬을 가진 사람이 없어서 모순이다.

3) C가 진실을 말할 때,

　A : 빨간색 또는 노란색 구슬, B : 파란색 구슬, C : 빨간색 또는 파란색 구슬

　이로부터, A는 노란색 구슬, B는 파란색 구슬, C는 빨간색 구슬을 가지고 있다.

1), 2), 3)에 의하여 빨간색, 파란색, 노란색 구슬을 받은 사람을 차례로 나열하면 C, B, A이다.

11. ③

㈐의 내용은 농어촌 특성에 적합한 고령자에 대한 복지서비스를 제공하는 모습을 설명하고 있다.

12. ④

제시된 글은 누구나 쉽게 정보를 생산하고 공유할 수 있는 소셜미디어의 장점이 부각된 기사로 ①②③의 보기들은 사례 내용과 관련이 없다.

13. ④

A는 은하와 은하가 멀어질 때 그 사이에서 물질이 연속적으로 생성되어 새로운 은하들이 계속 형성되기 때문에, 우주가 팽창하지만 전체적으로 항상성을 유지하며 평균 밀도가 일정하게 유지된다고 보고 있다.

14. ③

흡습형태변형은 한쪽 면에 있는 세포의 길이(크기)가 반대 쪽 면에 있는 세포에 비해 습도에 더 민감하게 변하여, 습도가 낮아져 세포 길이가 짧아지면 그쪽 면을 향해 휘어지는 것을 의미한다고 언급되어 있다. 따라서 등에 땀이 나면 세포 길이가 더 짧은 바깥쪽으로 옷이 휘어지게 되므로 등 쪽 면에 공간이 생기게 되는 원리를 이용한 것임을 알 수 있다.

15. ③

'깨진 유리창의 법칙'은 깨진 유리창처럼 사소한 것들을 수리하지 않고 방치해두면, 나중에는 큰 범죄로 이어진다는 범죄 심리학 이론으로, 작은 일을 소홀히 관리하면 나중에는 큰일로 이어질 수 있음을 의미한다.

16. ④

ⓐ A는 낭포성 유전자를 지니고 있는 '쥐'를 이용한 실험을 통해 낭포성 유전자를 가진 '사람' 역시 콜레라로부터 보호받을 것이라는 결론을 내렸다. 이는 쥐에서 나타나는 질병 양상은 사람에게도 유사하게 적용된다는 것을 전제로 한다.

ⓒ A는 실험에서 '콜레라 균'에 감염을 시키는 대신에 '콜레라 독소'를 주입하였다. 이는 콜레라 독소의 주입이 콜레라균에 의한 감염과 같은 증상을 유발함을 전제로 한다.

ⓔ 만약 낭포성 섬유증 유전자를 가진 모든 사람이 낭포섬 섬유증으로 인하여 청년기 전에 사망한다면 '살아남았다'고 할 수 없을 것이다. 따라서 '낭포성 섬유증 유전자를 가진 모든 사람이 이로 인하여 청년기 전에 사망하는 것은 아니다'라는 전제가 필요하다.

17. ②

신재생에너지를 활용한 에너지 신산업의 핵심은 전력저장장치(Energy Storage System)와 분산형 전원(Distributed Resources)의 구축에 있다. 태양광 설비 등을 이용하여 에너지를 생산할 뿐만 아니라 이를 저장하여 사용 및 판매에 이르는 활동에까지 소비자들이 직접 참여할 수 있는, 이른바 에너지 자립을 단위 지역별로 가능하도록 하는 것이 핵심 내용이다. 이것은 기존의 중앙집중적인 에너지 공급 방식에서 탈피하여 에너지 자급자족이 가능한 분산형 전원 설비를 갖추어야만 가능한 일이다. 따라서 전력저장장치와 분산형 전원의 개술 개발과 보급은 에너지 신산업의 필수적이고 기본적인 조건이라고 할 수 있다.

18. ②

전통적인 진리관에서 진술의 내용이 사실과 일치할 때 진리라고 본다. 비록 경험을 통해 얻은 과하저 지식이라 하더라도 그것이 진리인지의 여부는 확인할 수 없다는 것이 흄의 입장이다 라는 내용을 통해 보았을 때 전통적 진리관에서 진술 내용과 사실이 일치할 경우를 진리로 본다는 것을 알 수 있다. 진리 여부를 판단하는 것이 불가능하다고 본 입장은 전통적 진리관이 아닌 흄의 입장에 해당한다.

19. ③

사회적 기준의 4번째인 '공급자는 인종, 종교, 성별, 신체능력 등을 이유로 근로자의 고용 또는 채용시 차별하여서는 안 된다'를 위반한 것이다.

20. ②

계약 이행시 부패 관련 사항을 발견할 경우 발전 신문고 또는 레드휘슬(www.kom.co.kr)에 신고하여야 한다.

21. ③

전체 평균점수가 55점이므로 100명의 총점은 5,500점이다. 이 때, 합격자의 수를 x, 불합격자의 수를 $(100-x)$라고 놓으면, $70x+(100-x)50=5,500$, 따라서 x는 25명이다.

22. ③

1억 원을 투자하여 15%의 수익률을 올리므로 수익은 15,000,000원이다. 예상 취급량이 30,000개이므로 $15,000,000 \div 30,000 = 500$(원)이고, 취급원가 1,500원이므로 목표수입가격은 $1,500+500=2,000$(원)이 된다.

23. ②

개월 수를 x라 하면, x개월 후 형의 예금액은 $10,000+700x$이고, 동생의 예금액은 $7,000+1000x$이다. 두 예금액이 같아져야 하므로 $10,000+700x=7,000+1000x$가 되며, 이 때, x를 구하면 10이므로 10개월 후 형과 동생의 예금액은 같아진다.

24. ③

수빈이가 하루 일하는 양 : $\dfrac{1}{16}$

혜림이가 하루 일하는 양 : $\dfrac{1}{12}$

전체 일의 양을 1로 놓고 같이 일을 한 일을 x라 하면

$\dfrac{3}{16}+\left(\dfrac{1}{16}+\dfrac{1}{12}\right)x+\dfrac{1}{12}=1$

$\dfrac{13+7x}{48}=1$

$\therefore x=5$일

25. ③

발전소당 인원수가 동일하지 않으므로 전체 인원의 1인당 평균 지원 금액은 각 발전소의 1인당 인건비와 인원수를 곱한 발전소의 인건비 총량을 모두 합산하여 전체 인원수로 나누어 계산하여야 한다.
따라서 계산하면 아래와 같이 나타낼 수 있다.
$\{(450,000\times8)+(450,000\times8)+(506,000\times9)+(281,000\times7)+(449,000\times8)\}\div40=432,825$원이 된다. 발전소 당 평균 운영비는 주어진 수치에서 직접 평균을 구할 수 있다. 그러므로
$(148,000+169,000+129,000+123,000+77,000)\div5=129,200$원이 된다.

26. ④

'거리=시간×속력'을 이용하여 계산할 수 있다.
총 4시간의 소요 시간 중 작업 시간 1시간 30분을 빼면, 왕복 이동한 시간은 2시간 30분이 된다. 트럭에서 태양광 설치 장소까지의 거리를 $x$km라고 하면, 시속 4km로 이동한 거리와 시속 8km로 되돌아 온 거리 모두 $x$km가 된다. 따라서 거리=시간×속력 → 시간=거리÷속력 공식을 이용하여, 2시간 30분은 2.5시간이므로 $2.5=(x\div4)+(x\div8)$이 성립하게 된다.
이것을 풀면, $2.5=x/4+x/8 \rightarrow 2.5=3/8x \rightarrow x=2.5\times8/3=6.666... \rightarrow$ 약 6.67km가 된다.

27. ①

현재 동생의 나이를 x라 하면, 현재 오빠의 나이는 $3x$이고, 12년 후 $3x+12$가 된다. 현재 동생의 나이는 x이고, 12년 후 $x+12$가 된다. 12년 후 연령비가 5:3이므로 $3x+12:x+12=5:3$이다. 여기서 x를 구하면 6이다. 따라서 오빠의 현재 나이는 18세이다.

28. ③

회사와 집 사이의 거리를 x라 하면 왕복에 걸린 시간을 사용해 방정식을 만들 수 있다. $3=\dfrac{x}{40}+\dfrac{x}{20}$, 여기서 x는 40이다. 따라서 집에서 회사까지의 거리는 40km이다.

29. ③

왼쪽 네모 칸의 숫자를 십의 자리 수와 일의 자리 수로 분리하여 두 수를 더한 값과 뺀 값 각각 십의 자리와 일의 자리 수로 한 값을 오른쪽 네모 칸에 써 넣은 것이다. 즉, (A, B) → (A+B, A−B)가 되는 것이다. 따라서 41 → 4+1=5와 4−1=3이 되어 53이 된다.

30. ④

다음과 같은 간단한 연립방정식을 세울 수 있다. 남직원의 수를 x, 여직원의 수를 y라 하면, $x+y=180$
$0.625x+0.85y=0.75\times180 \rightarrow 6.25x+8.5y=1,350$이 성립한다.
위의 식에 8.5를 곱하여 위의 식에서 아래 식을 빼면 $2.25x=180$이 되어 $x=80$, $y=100$명이 된다. 따라서 안경을 쓴 여직원의 수는 $0.85\times100=85$명이 된다.

31. ④

긴급한 일과 중요한 일이 상충될 경우, 팀장의 지시에 의해 중요한 일을 먼저 처리해야 한다. 따라서 시간관리 매트릭스 상의 Ⅰ → Ⅱ → Ⅲ → Ⅳ의 순으로 업무를 처리하여야 한다. 따라서 보기 ④의 (B) − (F) − (G) − (L)이 가장 합리적인 시간 계획이라고 할 수 있다.

32. ②

제시된 항목 중 직접비는 직원 급여, 출장비, 설비비, 자재대금으로 총액 4,000만 원이며, 간접비는 사무실 임대료, 수도/전기세, 광고료, 비품, 직원 통신비로 총액 1,025만 원이다. 따라서 출장비가 280만 원이 되면 직접비 총액이 4,080만 원이 되므로 여전히 간접비는 직접비의 25%가 넘게 된다.

33. ④

A사는 높은 가격으로 인한 거래선 유치의 어려움으로 인해 결국 시장점유율이 하락할 것이며, B사는 지속적인 적자 누적으로 제품 생산을 계속할수록 적자폭도 커지게 되는 상황을 맞이하게 될 것이다. 따라서 개발 책정 비용과 실제 발생하는 비용을 동일하게 유지하는 것이 기업에게 가장 바람직한 모습이라고 할 수 있다.

34. ①

기업이 예산 투입을 하는 과정에 있어 비용을 적게 들이는 것이 반드시 좋은 것은 아니다. 기업에서 제품을 개발한다고 할 때, 개발 책정 비용을 실제보다 높게 책정하면 경쟁력을 잃어버리게 되고, 반대로 낮게 책정하면 개발 자체가 이익을 주는 것이 아니라 오히려 적자가 나는 경우가 발생할 수 있다. 그로 인해 책정 비용과 실제 비용의 차이를 줄이고, 비슷한 상태가 가장 이상적인 상태라고 할 수 있다. 또한, 아무리 예산을 정확하게 수립하였다 하더라도 활동이나 사업을 진행하는 과정에서 계획에 따라 적절히 관리하지 않으면 아무런 효과가 없다. 즉 아무리 좋은 계획도 실천하지 않으면 되지 않듯이 예산 또한 적절한 관리가 필요하다. 이는 좁게는 개인의 생활비나 용돈관리에서부터 크게는 사업, 기업 등의 예산관리가 모두 마찬가지이며, 실행과정에서 적절히 예산을 통제해주는 것이 필수적이라고 할 수 있다.

35. ③

식량 부족 문제를 해결하기 위해서는 더 많은 식량을 생산해 내야하지만, 토지를 무한정 늘릴 수 없을 뿐 아니라 이미 확보한 토지마저도 미래엔 줄어들 수 있음을 언급하고 있다. 이것은 식량이라는 자원을 초점으로 하는 것이 아닌 이미 포화 상태에 이르러 유한성을 드러낸 토지에서 어떻게 하면 더 많은 식량을 생산할 수 있는지를 고민하고 있다. 따라서 토지라는 자원은 유한하며 어떻게 효율적인 활용을 할 수 있는지를 주제로 담고 있다고 볼 수 있다.

36. ②

기준에 따라 각 상담원의 점수를 계산해 보면 다음과 같다.

	응대친절	의사소통	신속처리	전문성	사후 피드백	합계
상담원 A	1×1.3=1.3	2×1.3=2.6	2×1.2=2.4	4×1.2=4.8	3×1.1=3.3	14.4
상담원 B	4×1.3=5.2	4×1.3=5.2	2×1.2=2.4	2×1.2=2.4	4×1.1=4.4	19.6
상담원 C	2×1.3=2.6	2×1.3=2.6	3×1.2=3.6	4×1.2=4.8	5×1.1=5.5	19.1
상담원 D	2×1.3=2.6	4×1.3=5.2	4×1.2=4.8	4×1.2=4.8	2×1.1=2.2	19.6
상담원 E	4×1.3=5.2	3×1.3=3.9	1×1.2=1.2	3×1.2=3.6	4×1.1=4.4	18.3

따라서 동일한 점수를 얻은 상담원 B, D 중 응대친절 항목에서 높은 점수를 얻은 상담원 B가 최우수 상담원이 된다.

37. ④

평가항목 당 가중치가 없었다면 상담원 B, C, D가 모두 16점이 되나 응대친절 항목에서 높은 점수를 얻은 상담원 B가 최우수 상담원이 된다.

38. ③

(가) 남부지방은 평년 대비 2021년에 장마 기간은 늘어났지만 강수일수와 강수량은 각각 17.1일 → 16.7일, 348.6mm → 254.1mm로 감소하였다.

(나) 2021년의 장마 기간 1일 당 평균 강수량은 중부지방이 220.9÷35=약 6.3mm, 남부지방이 254.1÷36=약 7.1mm, 제주도가 518.8÷30=약 17.3mm로 제주도-남부지방-중부지방 순으로 많다.

(다) 중부지방, 남부지방, 제주도의 2021년 장마 기간 대비 강수일수 비율은 각각 18.5÷35×100=약 52.9%, 16.7÷36×100=약 46.4%, 13.5÷30×100=45%이므로 강수일수의 많고 적은 순서(중부지방 18.5일, 남부지방 16.7일, 제주도 13.5일)와 동일하다.

(라) 평년에는 강수일수와 강수량이 모두 제주도, 중부지방, 남부지방의 순으로 높은 수치였으나, 2021년에는 강수일수는 중부지방, 남부지방, 제주도 순인 반면 강수량은 제주도, 남부지방, 중부지방의 순임을 알 수 있다.

39. ②

각 공급처로부터 두 물품 모두를 함께 구매할 경우(내)와 개별 구매할 경우(개)의 총 구매가격을 표로 정리해 보면 다음과 같다. 단, 구매 수량은 각각 400개 이상이어야 한다.

공급처	물품	세트 당 포함 수량(개)	세트 가격	(개)	(내)
A업체	경품1	100	85만 원	340만 원	5,025,500원(5% 할인)
	경품2	60	27만 원	189만 원	
B업체	경품1	110	90만 원	360만 원	5,082,500원(5% 할인)
	경품2	80	35만 원	175만 원	
C업체	경품1	90	80만 원	400만 원	5,120,000원(20% 할인)
	경품2	130	60만 원	240만 원	

40. ④

경품1의 세트 당 가격을 5만 원 인하하면 총 판매가격이 4,920,000원이 되어 가장 낮은 공급가가 된다.

1	④	2	②	3	②	4	④	5	④	6	②	7	①	8	④	9	③	10	③
11	④	12	④	13	③	14	④	15	③	16	②	17	④	18	②	19	④	20	①
21	①	22	③	23	④	24	①	25	①	26	②	27	①	28	④	29	④	30	②
31	④	32	④	33	④	34	①	35	②	36	③	37	③	38	③	39	④	40	④

1. ④

만약 B가 범인이라면 A와 B의 진술이 참이어야 한다. 하지만 문제에서 한 명의 진술만이 참이라고 했으므로 A, B는 거짓을 말하고 있고 C의 진술이 참이다. 따라서 범인은 D이다.

2. ②

ⓒ 참가자는 무작위로 선정한 것이 아니라 시음회의 참여를 원하는 직원을 대상으로 선정하였기 때문에 전체 직원에 대한 대표성이 확보되었다고 보기는 어렵다.
ⓔ 대표성을 확보하기 위해서는 우리나라의 남녀 비율이 아닌 A회사의 남녀 비율을 고려하여 선정하는 것이 더 적절하다.

3. ②

수미 소비상황을 봤을 때 A 신용카드 혜택이 없으며, B 신용카드는 1만 원 청구할인, C 신용카드는 1만 포인트 적립, D 신용카드는 1만 원 문화상품권을 증정한다. 액수가 동일한 경우 할인혜택, 포인트 적립, 문화상품권 지급 순으로 유리하다고 했으므로 수미는 B 신용카드를 선택한다.

4. ④

주어진 조건을 보면 관리과와 재무과에는 반드시 각각 5급이 1명씩 배정되고, 총무과에는 6급 2명이 배정된다. 인원수를 따져보면 홍보과에는 5급을 배정할 수 없기 때문에 6급이 2명 배정된다. 6급 4명 중에 C와 D는 총무과에 배정되므로 홍보과에 배정되는 사람은 E와 F이다. 각 과별로 배정되는 사람을 정리하면 다음과 같다.

관리과	A
홍보과	E, F
재무과	B
총무과	C, D

5. ④

현수막을 제작하기 위해서는 라, 다, 마가 선행되어야 한다. 따라서 세미나 기본계획 수립(2일)＋세미나 발표자 선정(1일)＋세미나 장소 선정(3일)＝최소한 6일이 소요된다.

6. ②

각 작업에 걸리는 시간을 모두 더하면 총 11일이다.

7. ①

해설 甲~戊가 먹은 사탕을 정리하면 다음과 같다.

구분	甲	乙	丙	丁	戊
맛	사과+딸기	사과	포도 or 딸기	포도 or 딸기	포도
개수	2개	1개	1개	1개	1개

8. ④

날짜를 따져 보아야 하는 유형의 문제는 아래와 같이 달력을 그려서 살펴보면 어렵지 않게 정답을 구할 수 있다.

일	월	화	수	목	금	토
	1	2	3	4	5	6
7	8	9	10	11	12	13
14	15	16	17	18	19	20
21	22	23	24	25	26	27
28	29	30	31			

1일이 월요일이므로 정 대리는 위와 같은 달력에 해당하는 기간 중에 출장을 가려고 한다. 3박 4일 일정 중 출발과 도착일 모두 휴일이 아니어야 한다면 월~목요일, 화~금요일, 금~월요일 세 가지의 경우의 수 가 생기는데, 현지에서 복귀하는 비행편이 화요일과 목요일이므로 월~목요일의 일정을 선택해야 한다. 회 의가 셋째 주 화요일이라면 16일이므로 그 이후 가능한 월~목요일은 두 번이 있으나, 마지막 주의 경우 도착일이 다음 달로 넘어가게 되므로 조건에 부합되지 않는다. 따라서 출장 출발일로 적절한 날은 22일이 며 일정은 22~25일이 된다.

9. ③

㉤에서 유진이는 화요일에 학교에 가지 않으므로 ㉢의 대우에 의하여 수요일에는 학교에 간다. 수요일에 학교에 가므로 ㉡의 대우에 의해 금요일에는 학교에 간다.
금요일에 학교에 가므로 ㉣의 대우에 의해 월요일에는 학교를 가지 않는다. 월요일에 학교를 가지 않으므로 ㉠의 대우에 의해 목요일에는 학교에 간다. 따라서 유진이가 학교에 가는 요일은 수, 목, 금이다.

10. ③

철수는 같은 수로 과일 A와 B를 먹었으므로 각각 2개씩 먹었다는 것을 알 수 있다. 철수는 영수보다 과일 A를 1개 더 먹었으므로, 영수는 과일 A를 1개 먹었다.

11. ④

제브라피쉬의 실험은 햇빛의 자외선으로부터 줄기세포를 보호하는 멜라닌 세포를 제거한 후 제브라피쉬를 햇빛에 노출시켜 본 사실이 핵심적인 내용이라고 할 수 있다. 따라서 이를 통하여 알 수 있는 결론은, 줄기세포가 존재하는 장소는 햇빛의 자외선으로부터 보호받을 수 있는 방식으로 진화하게 되었다는 것이 타당하다고 볼 수 있다.

12. ④

전기 차의 시장침투가 제약을 받게 되는 원인이 빈칸에 들어갈 가장 적절한 말이 될 것이며, 이것은 전후의 맥락으로 보아 기존의 내연기관차와의 비교를 통하여 파악되어야 할 것이다. 따라서 '단순히 전기차가 주관적으로 불편하다는 이유가 아닌 기존 내연기관차에 비해 더 불편한 점이 있을 경우'에 해당하는 말이 위치해야 한다.

13. ③

과학으로부터 많은 문제가 발생하고 있음을 밝히고 있지만 과학으로부터 해결 방안을 찾을 수 있다는 내용은 언급되어 있지 않다.

14. ④

마지막 문장에서 과학적 지식이 인간의 문제에 관하여 결정을 내려주는 것은 착각이라고 말한 것으로 볼 때, 결정을 내리는 것은 인간이라는 내용이 이어져야 한다.

15. ③

㈐ 인간은 태양의 움직임에 따라 신체 조건을 맞춤
㈑ 그러나 전등의 발명으로 밤에도 활동
㈎ 인류의 문명이 발달
㈏ 생체 리듬을 잃음

16. ②

감정을 표면에 드러내지 않는 것을 군자의 덕으로 생각하는 동양에서는, 헤프게 웃는 것을 경계해 온 사실에 대해 '기우(杞憂)'라고 표현한 것을 볼 때 웃음을 인격 완성의 조건으로 보고 있지 않다는 것을 알 수 있다.

17. ④

체면으로 인하여 인간 생활에 있어서 웃음의 가치를 깨닫지 못하는 삶의 태도를 경계하고 있다.

18. ②

첫 번째 문단에서 조선의 원격전에 대해 언급하였고, 두 번째 문단에서 육전에서 일본을 당해내지 못했지 만 해전에서는 화포를 통해 압도하였다고 나타나 있다.

19. ④

㈜는 사회적 방언에 대해 설명하고 있다.

20. ①

인체 냉동 기술은 인체의 소생 가능성을 높인다는 점에서 긍정적 측면이 있는 기술이다. 그러나 냉동인간은 기술 개발과는 별도로 윤리적 문제도 야기될 수 있는 기술이다. 이렇게 보면 인체 냉동 기술은 '양날의 칼'에 비유할 수 있다.

21. ①

각 구간의 정확한 변량이 제시되지 않은 문제는 구간의 평균값인 '계급 값'을 구간의 점수로 하여 계산한다. 따라서 다음과 같이 계산하여 평균을 구할 수 있다.
$10 \times 12 + 30 \times 15 + 50 \times 28 + 70 \times 36 + 90 \times 14 + 100 \times 25 = 8,250$
그러므로 $8,250 \div 130 = $ 약 63.5점이 된다.

22. ③

월급 450만 원 중 300만 원은 기본급이므로 판매 이익에 따른 수당은 150만 원이다.

A는 판매 이익의 5%를 수당으로 받으므로 판매이익 $= \dfrac{1,500,000}{5\%} = 30,000,000$이다.

판매 금액의 20%가 이익이므로 판매금액 $= \dfrac{30,000,000}{20\%} = 150,000,000$

제품 1개의 판매가가 5만 원이므로 판매개수는 3,000개 이다.

23. ④

수박을 판매한 가격은 $500 \times 1.2 \times 50 = 30,000$원

복숭아의 원래 가격을 x라 하면, 복숭아를 판 가격은 $(x \times 1.4 \times 20) + (x \times 1.1 \times 10) = 39x$이다.

따라서 $69,000 = 30,000 + 39x$, 여기서 x는 $1,000$원이다.

24. ①

TV로 얻을 수 있는 전체 상금은 다음과 같이 나타낼 수 있다.

$10,000,000 \times 1 + 5,000,000 \times 2 + 1,000,000 \times 10 + 100,000 \times 100 + 10,000 \times 1,000 = 50,000,000$원이다. 그러므로 쿠폰 한 장의 기댓값은 $50,000,000/10,000$이므로 $5,000$원이다.

25. ①

Y−3년의 개수를 x라 하고, Y년의 개수로부터 역산하여 각 해의 커피 전문점 개수를 구해 보면 다음과 같이 계산된다.

	Y−3년	Y−2년	Y−1년	Y년의 개수
A지역	$(33-x) \div x \times 100 = 10 \rightarrow x=30$	$36-3=33$	$35+1=36$	35
B지역	$(46-x) \div x \times 100 = 15 \rightarrow x=40$	$44+2=46$	$46-2=44$	46
C지역	$(28-x) \div x \times 100 = 12 \rightarrow x=25$	$33-5=28$	$30+3=33$	30

따라서 30, 40, 25개가 정답이 된다.

26. ②

형과 동생의 분당 정리량은 각각 1/30과 1/20이다. 따라서 두 형제가 함께 정리할 때의 분당 정리량은 1/30+1/20=1/12이 된다. 그러므로 10분 동안 함께 일을 하면 총 정리량은 10×1/12=5/6가 된다. 나머지 1/6을 형이 정리해야 하므로 형의 분당 정리량인 1/30에 필요한 시간 x를 곱하여 1/6이 되어야 한다. 따라서 1/30×x=1/6이 된다. 그러므로 형이 혼자 정리하는 데 필요한 시간은 5분이 된다. 따라서 총 소요 시간은 10분+5분=15분이 된다.

27. ①

주어진 산식에 의하여 국토 면적, 산림 면적, 산림율을 확인해 보면 다음 표와 같다.

(단위 : 만 명, 명/㎢)

국가	인구수	인구밀도	산림 인구밀도	국토 면적	산림 면적	산림율
갑	1,200	24	65	1,200÷24=50	1,200÷65=18.5	18.5÷50×100=37%
을	1,400	36	55	1,400÷36=38.9	1,400÷55=25.5	25.5÷38.9×100=65.6%
병	2,400	22	30	2,400÷22=109.1	2,400÷30=80	80÷109.1×100=73.3%
정	3,500	40	85	3,500÷40=87.5	3,500÷85=41.2	41.2÷87.5×100=47.1%

따라서 산림율이 가장 큰 국가는 병 – 을 – 정 – 갑국의 순이다.

28. ④

2020년의 자동차 대수를 x라 하면, 교통사고 건수는 $x \times 0.017$이 된다. 이는 2021년의 교통사고 건수인 1천만 $\times 0.031$과 동일하므로 $x \times 0.017 = 1$천만$\times 0.031$가 된다. 따라서 x는 18,235,294 → 18,235천 대가 된다.

29. ④

A와 B가 서로 반대 방향으로 뛰면, 둘이 만났을 때 A와 B가 뛴 거리의 합이 운동장의 둘레와 같아지게 된다. $100 \times 16 + 70 \times 16 = 2,720$m가 된다.

30. ②

농도 10%의 소금물 500g에 있는 소금은 50g이다. 8% 농도의 소금물의 무게를 x라 할 때 소금의 양은 $0.08x$이다. 방정식을 구하면 다음과 같다.

$\dfrac{(50 + 0.08x)}{(500 - 30 + x)} = 0.09$, x를 구하면 770g

31. ④

f를 통해서 H조는 102호, 202호는 A조, 101호 또는 103호에는 E조가 있음을 알 수 있다. 이런 확정 조건을 가지고 방 번호별 그림을 그려보면 다음과 같다.

301호	302호	303호	304호
201호	202호 A조	203호	204호
101호(E조)	102호 H조	103호(E조)	104호

d에서 E조의 방과 B조의 방은 가장 멀리 떨어져 있는 두 개의 방이라고 했으므로 E조의 방은 103호가 될 수 없고 결국 101호가 E조 304호가 B조가 된다. 이 경우 c에 의해서 D조는 204호 또는 104호가 되는데 301호와 104호는 가장 멀리 떨어져 있는 두 개의 방이므로 C조와 한 개의 빈 방이 되어야 한다. 따라서 D조는 204호일 수밖에 없다. 이를 위의 표에 표기하면 다음과 같다.

301호 (C조 또는 빈 방)	302호	303호	304호 B조
201호	202호 A조	203호	204호 D조
101호 E조	102호 H조	103호	104호(C조 또는 빈 방)

c에서 G조와 F조는 같은 라인이라 했으므로 이 두 조가 투숙할 수 있는 곳은 3호 라인일 수밖에 없다. 그런데 연이은 3개의 객실 사용은 1개 층에만 있다고 하였으므로 이 두 조가 각각 1층과 2층에 투숙할 수는 없으므로 303호에 한 개 조가 투숙해야 한다.

g에서 연이은 2개의 빈 방은 없다고 하였으므로 만일 C조가 104호에 투숙할 경우 301호와 302호는 연이은 2 개의 빈 방이 될 수밖에 없다. 따라서 C조가 301호여야 하고 104호가 빈 방이어야 한다. 또한 104호와 연이은 103호가 빈 방일 수 없으므로 G조와 F조 중 한 방은 103호에 투숙하여야 하며 203호는 빈 방이 될 수밖에 없다. 결국 다음과 같이 G조와 F조의 상호 방 번호를 제외한 모든 조의 방 번호가 결정된다.

301호 C조	302호 빈 방	303호 G조 또는 F조	304호 B조
201호 빈 방	202호 A조	203호 빈 방	204호 D조
101호 E조	102호 H조	103호 G조 또는 F조	104호 빈 방

따라서 보기 ④의 'G조의 방과 F조의 방 사이에는 빈 방이 있다'만이 올바른 설명이 된다.

32. ④

A의 경우, 가시거리가 100m 이내이긴 하나 5시간 동안 강수량이 75mm이므로 시간당 15mm에 해당되며 호우 주의보 발령 단계가 된다. 따라서 1km 이내로 배달지역을 제한하는 것이 좋다.

B의 경우, 24시간 적설량이 20cm을 넘어섰으므로 대설경보 단계이며 배달을 금지하는 것이 좋다.

33. ④

조직의 영리 추구에 부합하는 이득은 인적자원뿐 아니라 시간, 돈, 물적 자원과의 적절한 조화를 통해서 창출된다. 그러나 인적자원은 능동성, 개발가능성, 전략적 차원이라는 특성에서 예산이나 물적 자원보다 중요성이 크다고 할 수 있다.

34. ①

자원을 낭비하는 요인으로는 비계획적 행동, 편리성 추구, 자원에 대한 인식 부재, 노하우 부족 등을 꼽을 수 있다. 우리가 가진 자원은 스스로가 관리하고 지키며 효과적으로 사용할 방안을 찾아야 한다.
① 타인의 말을 잘 경청하려 하지 않는 자세는 자원을 낭비하게 되는 직접적인 요인이 된다고 보기 어렵다.

35. ②

주어진 비용 항목 중 원재료비, 장비 및 시설비, 출장비, 인건비는 직접비용, 나머지는 간접비용이다.
• 직접비용 총액 : 4억 2백만 원 + A
• 간접비용 총액 : 6천만 원 + B
간접비용이 전체 직접비용의 30%를 넘지 않게 유지하여야 하므로,
(4억 2백만 원 + A) × 0.3 ≧ 6천만 원 + B
따라서 보기 중 ②와 같이 출장비에 8백만 원, 광고료에 6천만 원이 책정될 경우에만, 직접비용 총계는 4억 1천만 원, 간접비용 총계는 1억 2천만 원이므로 팀장의 지시사항을 준수할 수 있다.

36. ③

시간 관리를 효율적으로 하기 위하여 (내), (매), (새)는 다음과 같이 수정되어야 한다.
(내) 시간 배정을 계획하는 일이므로 무리한 계획을 세우지 말고, 실현 가능한 것만을 계획하여야 한다.
(매) 시간계획은 유연하게 해야 한다. 시간계획은 그 자체가 중요한 것이 아니고, 목표달성을 위해 필요한 것이다.
(새) 꼭 해야만 할 일을 끝내지 못했을 경우에는 차기 계획에 반영하여 끝내도록 하는 계획을 세우는 것이 바람직하다.

37. ③

① 영업팀은 1명 증가, 생산팀은 5명 증가, 관리팀은 6명 감소로 관리팀의 인원수 변화가 가장 크다.

② 이동 전에는 영업팀 > 관리팀 > 생산팀 순으로 인원수가 많았으나, 이동 후에는 영업팀 > 생산팀 > 관리팀 순으로 바뀌었다.

④ 가장 많은 인원이 이동해 온 부서는 영업팀(9＋10＝19)과 생산팀(7＋12＝19)이며, 관리팀으로 이동해 온 인원은 11＋5＝16명이다.

38. ③

투자계획 A와 B의 차이는 금년 말에는 A만 10억 원의 수익을 내고, 내년 말에는 B가 A보다 11억 원의 수익을 더 낸다는 점이다. 두 투자 계획의 수익성 측면에서 차이가 없으려면 금년 말의 10억 원과 내년 말의 11억 원이 동일한 가치를 가져야 하므로 이자율은 10%이어야 한다.

39. ④

(가), (나), (라)는 조직 차원에서의 인적자원관리의 특징이고, (다)는 개인 차원에서의 인적자원관리능력의 특징으로 구분할 수 있다. 한편, 조직의 인력배치의 3대 원칙에는 적재적소주의 − (라), 능력주의 − (가), 균형주의 − (나)가 있다.

40. ④

자원을 활용하기 위해서는 가장 먼저 나에게 필요한 자원은 무엇이고 얼마나 필요한지를 명확히 설정하는 일이다. 무턱대고 많은 자원을 수집하는 것은 효율적인 자원 활용을 위해 바람직하지 않다. 나에게 필요한 자원을 파악했으면 다음으로 그러한 자원을 수집하고 확보해야 할 것이다. 확보된 자원을 유용하게 사용할 수 있는 활용계획을 세우고 수립된 계획에 따라 자원을 활용하는 것이 적절한 자원관리 과정이 된다. 따라서 이를 정리하면, 다음 순서와 같다.

1) 어떤 자원이 얼마나 필요한지를 확인하기
2) 이용 가능한 자원을 수집(확보)하기
3) 자원 활용 계획 세우기
4) 계획에 따라 수행하기의 4단계가 있다.

1	③	2	④	3	①	4	①	5	②	6	④	7	④	8	④	9	④	10	④
11	②	12	③	13	②	14	③	15	④	16	②	17	②	18	①	19	③	20	②
21	④	22	③	23	②	24	③	25	①	26	④	27	②	28	②	29	②	30	④
31	③	32	②	33	①	34	④	35	④	36	③	37	④	38	②	39	③	40	④

1. ③

사회 명목론은 사회 전체의 이익보다는 개인의 권리를 중시한다는 점에서 자유주의, 개인주의와 맥락을 함께 한다.

2. ④

정이 1층에 거주하므로 네 번째 조건에 의해 2층에 무가 거주할 수 없다. 또한 네 번째 조건에서 병도 2층에 거주하지 않는다 하였으므로 2층에 거주할 수 있는 사람은 갑 또는 을이다. 이것은 곧, 3, 4, 5층에 병, 무, 갑 또는 을이 거주한다는 것이 된다.

두 번째 조건에 의해 병과 무가 연이은 층에 거주하지 않으므로 3, 5층에는 병과 무 중 한 사람이 거주하며 2, 4층에 갑과 을 중 한 사람이 거주하는 것이 된다.

따라서 보기 ①~③의 내용은 모두 모순되는 것이 되며, 보기 ④에서와 같이 무가 3층에 거주한다면 병이 5층에 거주하게 된다.

3. ①

날씨가 시원함 → 기분이 좋음 → 마음이 차분함 → 배고픔 → 라면이 먹고 싶음
따라서 A만 옳다.

4. ①

㉠은 [연구개요] 중 '3시간 이상 폭력물을 시청한 아동과 청소년들은 텔레비전 속에서 보이는 성인들의 폭력행위를 빠른 속도로 모방하였다.'와 같은 맥락으로 볼 수 있는 자료로, [연구결과]를 뒷받침하는 직접적인 근거가 된다.

㉡ 성인의 범죄행위 유발과 관련 자료이다.

㉢ 이미 범죄행위를 저지르고 난 후 폭력물을 시청하는 조건이다.

㉣ 텔레비전 프로그램 시청이 선행에 영향을 미침을 증명하는 자료가 아니다.

5. ②

㉠ 순정 : 다른 사람들의 지지를 이용하기 때문에 '연합 전술'에 해당한다.

㉡ 석일 : 기업의 비전과 가치를 언급함으로써 이상에 호소하여 제안에 몰입하도록 하기 때문에 '영감에 호소'에 해당한다.

6. ④

반장은 머리가 좋다. 또는 반장은 얼굴이 예쁘다(㉢ 또는 ㉣).

머리가 좋거나 얼굴이 예쁘면 반에서 인기가 많다(㉤).

∴ 반장은 반에서 인기가 많다.

※ ㉥의 경우 머리도 좋고 얼굴도 예뻐야 반에서 인기가 많다는 의미이므로 주어진 진술이 반드시 참이 되지 않는다.

7. ④

문장의 첫머리에 우리나라도~ 라고 제시하고 있으므로 빈칸에는 문장 앞의 내용인 국가 활동으로 인해 손해를 입은 개인을 보호하는 것에 대한 내용이 나와야 하므로 ④가 정답이 된다.

8. ④

모두가 당연시 하는 징병제의 적합성 자체를 비판적 시각으로 재고하려는 태도는 성찰적 태도에 해당한다.

9. ④

차별적 교제 이론에서 일탈에 대한 해결책으로 제시하는 것은 일탈 행위자와의 접촉을 제한하는 것이다.

10. ④

기능론과 갈등론은 모두 거시적 관점에 해당한다.

11. ②

글쓴이는 구름을 통해 무상(無常)한 삶의 본질을 깨닫고, 달관하는 삶의 자세를 배우고 있음을 알 수 있다.

12. ③

첫 문단의 '일정한 목적의식이나 문제의식을 안고 달려드는 독서일수록 사실은 능률적인 것이다.', '마찬가지로 일정한 주제 의식이나 문제의식을 가지고 독서를 할 때 보다 창조적이고 주체적인 독서 행위가 성립될 것이다.' 등의 문장을 통해 주제를 유추할 수 있다.

13. ②

빈칸이 있는 문장의 시작에 "이런 맥락에서"라고 제시되어 있으므로 앞의 문맥을 살펴야 한다. 앞에서 사물놀이의 창안자들이 새로운 발전을 이루어 내지 못한 채 그 예술적 성과와 대중적 인기에 안주하고 있다는 것에 대해 이야기하고 있으므로 빈칸에 들어갈 가장 적절한 것은 ②이다.

14. ③

가장 먼저 (가)에서 진화의 과정이 이상적이고, 완벽하지 않음을 제시하고 있으며 (다)와 (나)에서 진화의 과정에 대해 설명하고, (라)에서 그 과정이 (가)의 이유임을 제시하고 있다.

15. ④

창의성의 발휘는 자기 영역의 규칙이나 내용에 대한 이해뿐만 아니라 현장에서 적용되는 평가 기준과 밀접한 관련이 있다는 것이 이 글이 전달하고자 하는 중심적인 내용이다.

16. ②

㈏에서 화제를 제시하고 ㈎에서 예를 들어 설명한다. ㈐는 ㈎ 같은 충동을 느끼는 짐작이다. ㈑, ㈒에서는 '그러나'를 통해 내용을 전환하여 충동을 풀 기회가 없다는 것을 아쉬워하고 있다.

17. ②

셋째 재화의 특성에 따른 요인으로 하나의 재화가 얼마나 다른 재화와 밀접하게 관련되어 있느냐에 관한 것 즉 보완재의 여부에 따라 가격분산을 가져올 수 있다.에서 유추할 수 있는 내용이다.

18. ①

㈑ 영양소로부터 에너지를 얻거나 몸에 필요한 물질을 합성하는 과정이 모두 화학 반응에 의해 이루어짐을 제시
㈒ 촉매의 정의
㈏ 정촉매와 부촉매로 촉매를 구분
㈐ 활성화 에너지의 정의 및 활성화 에너지와 반응 속도의 관계 설명
㈎ 정촉매와 부촉매에 대한 설명

19. ③

빈칸 이후의 문장에서 소비자 의식의 문제점에 대해 이야기하고 있으므로 빈칸에 가장 적절한 문장은 ③이다.

20. ②

제시된 글의 주제는 모든 일은 원인에 따라 결과를 맺는다.

21. ④

10km의 거리를 시속 20km로 가는 동안 걸린 시간은 30분이다. 따라서 나머지 거리를 30분 동안 시속 30km로 갔을 때 간 거리는 15km이다. 준수가 집에서 학교까지 간 총거리는 25km이다. 따라서 민건이가 총 25km를 시속 40km로 가는데 걸리는 시간은 37.5분이다.

22. ③

각 계급에 속하는 정확한 변량을 알 수 없는 경우에는 중간 값인 계급값을 사용하여 평균을 구할 수 있다. 따라서 빈칸의 인원수를 x로 두고 다음과 같이 계산한다.

$\{(10 \times 10)+(30 \times 20)+(50 \times 30)+(70 \times x)+(90 \times 25)+(110 \times 20)\} \div (10+20+30+x+25+20)=65$

이를 정리하면 $(6,650+70x) \div (105+x)=65$가 된다.

이것은 다시 $6,650+70x=6,825+65x \rightarrow 5x=175$가 되어 $x=35$명이 된다.

23. ②

이웃을 신뢰하는 사람의 비중은 20대(36.5%)가 10대(38.5%)보다 낮으며, 20대 이후에는 연령이 높아질수록 신뢰도가 비례하여 높아졌다. 이러한 추이는 연령별 평점의 증감 추이와도 일치하고 있음을 알 수 있다.

24. ③

정가 4,000원에서 a % 할인된 가격이 3,000원이므로 $4,000 \times \dfrac{100-a}{100} = 3,000$이 된다. $a=25$가 되며, 커피의 원가를 x라고 한다면, $x \times \dfrac{100+a}{100} = x \times \dfrac{125}{100} = 4,000$이 된다. 따라서 커피의 원가는 $x=3,200$원이다.

25. ①

12일째까지 $40 \times 12 = 480$쪽을 읽고, 마지막 날인 13일째에는 최소 1쪽에서 최대 40쪽까지 읽을 수 있으므로 이 책의 쪽수는 481쪽 이상 520쪽 이하이다.

26. ④

세 장의 카드를 뽑아 세 자리의 정수를 만들려면 백의 자리에는 0이 올 수 없다. 따라서 백의 자리는 0을 제외한 5장의 카드 중에서 뽑아야 하므로 백의 자리에 올 수 있는 경우의 수는 5가지, 십의 자리에 올 수 있는 경우의 수는 이미 백의 자리에서 뽑힌 카드를 제외한 5가지, 남은 카드는 4장이므로 일의 자리에 올 수 있는 경우의 수는 4가지이다. 따라서 $5 \times 5 \times 4 = 100$가지

27. ②

A지점에서 B지점으로 갈 때 걸린 시간은 4시간이고, 돌아올 때 걸린 시간은 2시간이다. 총 걸린 시간은 6시간이고, 총 거리는 240km이다. 따라서 왕복 시간의 평균 시속은 240km÷6시간이므로 40km이다.

28. ②

영희가 10분 동안 분속 60m로 걸어간 거리는 600m이고, 추가 1분당 60m를 걸어간다. 영희의 어머니는 자전거를 타고 분속 120m의 속도로 뒤쫓아 가므로 방정식을 세우면 다음과 같다. $600 + 60x = 120x$, 방정식을 풀면 x는 10이므로 10분 후 어머니와 영희는 만나게 된다.

29. ②

3시간 후 두 열차가 만났으므로 만난 지점은 서울에서 $3 \times 120 = 360$km 떨어진 거리이다. 새마을호는 360km 지점까지 4시간 걸렸으므로 360÷4=90km/h이다. 따라서 새마을호가 부산까지 가는데 걸리는 시간은 400÷90=4.44이다.

30. ④

각 복사기는 2:3의 효율을 가지고 있으므로 1분에 100쪽을 복사하는 복사기에서는 20부, 1분에 150쪽을 복사하는 복사기에서는 30부를 복사하는 것이 가장 효율적이다.

31. ③

A제품의 생산량을 x개라 하면, B제품의 생산량은 $(50-x)$개이므로,
$50x + 20(50-x) \leq 1,600$ ······ ㉠
$3x + 5(50-x) \leq 240$ ······ ㉡
㉠을 정리하면 $x \leq 20$
㉡을 정리하면 $x \geq 5$
따라서 ㉠과 ㉡을 합치면 $5 \leq x \leq 20$이므로, 이익이 더 큰 A제품을 x의 최댓값인 20개 생산할 때 이익이 최대가 된다.

32. ②

②는 간접비용, 나머지는 직접비용의 지출 항목으로 분류해야 한다.

※ 직접비용과 간접비용으로 분류되는 지출 항목은 다음과 같은 것들이 있다.

　　㉠ **직접비용** : 재료비, 원료와 장비, 시설비, 출장 및 잡비, 인건비 등

　　㉡ **간접비용** : 보험료, 건물관리비, 광고비, 통신비, 사무비품비, 각종 공과금 등

33. ①

같은 양의 시간이라도 그 가치는 어떻게 사용하느냐에 따라서 달라진다. 시간을 자원이란 개념으로 보았을 때 가치를 어떻게 사용하느냐에 따라서 막대한 손실 또는 엄청난 이익을 가져다 줄 수도 있는 것으로 보는 능력이 필요하다.

34. ④

현대사회에서는 물적 자원에 대한 관리가 매우 중요한 사안이며 bar code와 QR 코드뿐 아니라 이를 지원하는 다양한 기법이나 프로그램들이 개발되고 있어 bar code와 QR 코드에 대한 이해가 필요하다.

④ bar code의 정보는 검은 막대와 하얀 막대의 서로 다른 굵기의 조합에 의해 기호화 되는 것이며, 제품군과 특성을 기준으로 물품을 대/중/소분류에 의해 관리하게 된다.

35. ④

㈎ 1일 평균 근로시간은 '근로시간÷근로일수'로 계산할 수 있으며, 연도별로 8.45시간, 8.44시간, 8.47시간, 8.45시간으로 2020년이 가장 많다. (O)

㈏ 1일 평균 임금총액은 '임금총액÷근로일수'로 계산할 수 있으며, 연도별로 149.2천 원, 156.4천 원, 161.6천 원, 165.4천 원으로 매년 증가하였다. (O)

㈐ 1시간 당 평균 임금총액은 '임금총액÷근로시간'으로 계산할 수 있으며, 연도별로 17.7천 원, 18.5천 원, 19.1천 원, 19.6천 원으로 매년 증가하였다. (O)

㈑ 2018년~2020년의 수치로 확인해 보면, 근로시간이 더 많은 해에 임금총액도 더 많다고 할 수 없으므로 비례관계가 성립하지 않는다. (X)

36. ③

③은 기업 경영의 목적에 대한 설명이다. 기업 경영에 필수적인 네 가지 자원으로는 시간, 예산, 인적자원, 물적 자원이 있으며, 물적 자원은 다시 인공자원과 천연자원으로 나눌 수 있다.

37. ④

시간자원, 예산자원, 인적자원, 물적 자원은 많은 경우에 상호 보완적으로 또는 상호 반대급부의 의미로 영향을 미치기도 한다. 제시 글과 같은 경우뿐 아니라 시간과 돈, 인력과 시간, 인력과 돈, 물적 자원과 인력 등 많은 경우에 있어서 하나의 자원을 얻기 위해 다른 유형의 자원이 동원되기도 한다.

38. ②

② 통화 중 잠시 급한 일을 보고 계속 통화를 하는 것은 통화 도중에 상대방을 잠시 기다리게 할 경우로서 통화 대기가 아닌 통화보류에 해당한다. 따라서 CAMP 버튼이 아닌 보류버튼을 써야 한다.
① 착신전환 기능에 대한 설명이다.
③ 통화전환 기능에 대한 설명이다.
④ 전화 당겨 받기 기능에 대한 설명이다.

39. ③

정 사원은 팀장 자리로 걸려 온 전화를 당겨 받았으며, 통화 중 상대방을 잠시 기다리게 하였고, 통화 후 다른 사람에게 전화를 연결시켜 주었다. 그러므로 '전화 당겨 받기', '통화보류', '통화전환' 기능을 사용한 것이 된다. 따라서 당겨 받기 위하여 * 버튼을, 통화보류를 위하여 보류버튼을, 다시 통화를 하기 위하여 다시 보류버튼을, 통화 후 남 사원에게 통화전환을 하기 위하여 *과 443 버튼을 누른 것이 된다.

40. ④

각 여행지별 2명의 하루 평균 가격을 도표로 정리하면 다음과 같다.

관광지	일정	2명의 하루 평균 가격
갑지	5일	$599,000 \div 5 \times 2 = 239,600$원
을지	6일	$799,000 \div 6 \times 2 = 266,333$원, 월~금은 주중 할인이 적용되어 하루 평균 $266,333 \times 0.8 = 213,066$원이 된다. 따라서 월~토 일정 동안의 전체 금액[$(213,066 \times 5) + 266,333$]에서 하루 평균 가격을 구하면 221,943원이다.
병지	8일	$999,000 \div 8 = 124,875$원(1명), $999,000 \div 8 \times 0.8 = 99,900$원(1명) 따라서 2명은 $124,875 + 99,900 = 224,775$원
정지	10일	$1,999,000 \div 10 = 199,900$원(1명), $1,999,000 \div 10 \times 0.5 = 99,950$원(1명) 따라서 2명은 $199,900 + 99,950 = 299,850$원

1	④	2	①	3	④	4	④	5	④	6	④	7	②	8	④	9	③	10	③
11	④	12	②	13	①	14	③	15	④	16	③	17	②	18	④	19	③	20	④
21	③	22	②	23	④	24	②	25	④	26	②	27	③	28	②	29	②	30	③
31	④	32	②	33	②	34	③	35	④	36	②	37	④	38	④	39	④	40	③

1. ④

동일한 행동이라도 일탈에 대한 기준이 서로 다르게 적용될 수 있음을 보여 주는 사례로, 이는 낙인 이론의 사례로 적절하다.

2. ①

㉠ 공식 조직은 구성원의 역할과 책임이 분명하다.
㉡ 비공식 조직은 공식 조직보다 가입과 탈퇴가 자유롭다.

3. ④

사회적 역할이 대다수 사회 구성원의 합의에 의한 것이라고 보는 관점은 기능론이다.

4. ④

두 사례는 같은 문화를 공유하는 사람들끼리 공통적인 생활양식을 가지고 있다는 점에서 공유성을 보여 주고 있다.

5. ④

조직의 과업과 목적에 따라 수시로 조직 형태가 변화하는 것은 탈관료제의 특징이다.

6. ④

보완적 평가방식은 각 상표에 있어 어떤 속성의 약점을 다른 속성의 강점에 의해 보완하여 전반적인 평가를 내리는 방식을 의미한다. 이를 계산하면 다음과 같다.

- 광어=$(40 \times 2)+(30 \times 2)+(50 \times 2)=240$
- 우럭=$(40 \times 2)+(30 \times 3)+(50 \times 2)=270$
- 물회=$(40 \times 1)+(30 \times 1)+(50 \times 2)=170$
- 참치=$(40 \times 7)+(30 \times 5)+(50 \times 4)=630$

그러므로 율희는 보완적 평가방식에 의해 가장 높은 값이 나온 참치회를 선택하게 된다.

7. ②

다음 글에서는 토의를 정의하고 토의의 종류에는 무엇이 있는지 예시를 들어 설명하고 있으므로 토론에 대해 정의하고 있는 ⓛ은 삭제해도 된다.

8. ④

문제를 해결하기 위해서는 다음과 같은 5단계를 거치게 되는 것이 일반적이다.

- **문제 인식** : 해결해야 할 전체 문제를 파악하여 우선순위를 정하고, 선정문제에 대한 목표를 명확히 하는 단계
- **문제 도출** : 선정된 문제를 분석하여 해결해야 할 것이 무엇인지를 명확히 하는 단계
- **원인 분석** : 파악된 핵심문제에 대한 분석을 통해 근본 원인을 도출하는 단계
- **해결안 개발** : 문제로부터 도출된 근본원인을 효과적으로 해결할 수 있는 최적의 해결방안을 수립하는 단계
- **실행 및 평가** : 해결안 개발을 통해 만들어진 실행계획을 실제 상황에 적용하는 활동으로 당초 장애가 되는 문제의 원인들을 해결안을 사용하여 제거하는 단계

따라서 보기 ④와 같이 해결할 문제가 무엇인지를 확인하고 甲과 B사에 대한 대응의 목표를 명확히 수립하는 것이 최우선 되어야 할 일이라고 할 수 있다.

① 실행 및 평가의 단계에 해당된다.

② 해결안 개발의 단계에 해당된다.

③ 원인 분석의 단계에 해당된다.

9. ③

문제의 내용과 조건의 내용에서 알 수 있는 것은 다음과 같다.

• 5층과 1층에서는 적어도 1명이 내렸다.

• 4층에서는 2명이 내렸다. → 2층 또는 3층 중 아무도 내리지 않은 층이 한 개 있다.

그런데 네 번째 조건에 따라 을은 1층에서 내리지 않았고, 두 번째 조건에 따라 을이 내리기 직전 층에서는 아무도 내리지 않아야 하므로, 을은 2층에서 내렸고 3층에서는 아무도 내리지 않은 것이 된다(∵ 2층 또는 3층 중 아무도 내리지 않은 층이 한 개 있으므로)

또한 무는 정의 바로 다음 층에서 내렸다는 세 번째 조건에 따르면, 정이 5층에서 내리고 무가 4층에서 내린 것이 된다.

네 번째 조건에서 갑은 1층에서 내리지 않았다고 하였으므로, 2명이 함께 내린 층인 4층에서 무와 함께 내린 것이고, 결국 1층에서 내릴 수 있는 사람은 병이 된다.

10. ③

네트워크와 유통망이 다양한 것은 자사의 강점이며 이를 통하여 심화되고 있는 일본 업체와의 경쟁을 우회하여 돌파할 수 있는 전략은 주어진 환경에서 적절한 ST전략이라고 볼 수 있다.

① 세제 혜택(O)을 통하여 환차손 리스크 회피 모색(T)

② 타 해외 조직의 운영 경험(S)을 살려 업무 효율성 벤치마킹(W)

④ 해외 진출 경험으로 축적된 우수 인력(S) 투입으로 업무 누수 방지(W)

11. ④

지문의 마지막 문장 웹 만화는 장면을 연속적으로 이어 볼 수 있으므로 긴장감을 지속적으로 유지해 나갈 수 있다.를 통해 빈칸에는 독자의 흥미를 배가시킬 수 있다가 들어가는 것이 가장 적절하다.

12. ②

처음 문단에서 도덕적 삶을 손해라고 생각하는 인식이 널리 퍼지게 된 까닭이 무엇인지에 대해 문제를 제기하고, 이어지는 문단에서 그 이유를 밝히고 있다.

13. ①

㉠의 바로 앞에 쓰인 문장은, 정직하고 성실한 사람이 말년에 비참하게 보내지 않을 확률이 더 높다는 뜻으로 해석할 수 있다.

① **사필귀정(事必歸正)** : 모든 일은 반드시 바른길로 돌아감
② **권선징악(勸善懲惡)** : 착한 일을 권장하고 악한 일을 징계함
③ **적자생존(適者生存)** : 환경에 적응하는 생물만이 살아남고, 그렇지 못한 것은 도태되어 멸망하는 현상
④ **선공후사(先公後私)** : 공적인 일을 먼저 하고 사사로운 일은 뒤로 미룸

14. ③

제시된 설문조사에는 광고 매체 선정에 참고할 만한 조사 내용이 포함되어 있지 않다. 따라서 ③은 이 설문조사의 목적으로 적합하지 않다.

15. ④

언어적인 측면으로서 의사소통의 특징이다.

16. ③

① **개과불린** : 허물을 고침에 인색하지 않음을 이르는 말
② **경거망동** : 경솔하여 생각 없이 망령되게 행동함. 또는 그런 행동
③ **교각살우** : 소의 뿔을 바로잡으려다가 소를 죽인다는 뜻으로, 잘못된 점을 고치려다가 그 방법이나 정도가 지나쳐 오히려 일을 그르침을 이르는 말
④ **부화뇌동** : 우레 소리에 맞춰 함께 한다는 뜻으로, 자신의 뚜렷한 소신 없이 그저 남이 하는 대로 따라가는 것을 이르는 말

17. ②

㈎ 두 명 이상의 이름을 나열할 경우에는 맨 마지막 이름 뒤에 호칭을 붙인다는 원칙에 따라 '최한국, 조대한, 강민국 사장을 등 재계 주요 인사들은 모두 ~'로 수정해야 한다. (X)

㈏ 외국인의 이름은 현지발음을 외래어 표기법에 맞게 한글로 적고 성과 이름 사이를 띄어 쓴다는 원칙에 따라 '버락 오바마 미국 대통령의 임기는 ~'으로 수정해야 한다. (X)

㈐ 중국 지명이므로 현지음을 한글로 외래어 표기법에 맞게 쓰고 괄호 안에 한자를 써야한다는 원칙에 따라, '절강성(浙江省) 온주(溫州)'로 수정해야 한다. (X)

㈑ 국제기구나 외국 단체의 경우 처음에는 한글 명칭과 괄호 안에 영문 약어 표기를 쓴 다음 두 번째부터는 영문 약어만 표기한다는 원칙에 따른 올바른 표기이다. (O)

18. ④

'구별하지 못하고 뒤섞어서 생각하다.'의 '혼동'은 올바르게 사용된 단어이며, '혼돈'으로 잘못 쓰지 않도록 주의한다.

① 최저임금 인상이 자영업자의 추가적인 인건비 인상을 발생시키는 원인이 된다는 내용이므로 '표출'이 아닌 '초래'하는 것이라고 표현해야 한다.

② 앞의 내용으로 보아 급하고 과도한 최저임금인상에 대한 수식어가 될 것이므로 '급격한'이 올바른 표현이다.

③ 최저임금인상 대신 그만큼에 해당하는 근로 장려세제를 '확대'하는 것의 의미를 갖는 문장이다.

19. ③

네 개의 문장에서 공통적으로 언급하고 있는 것은 환경문제임을 알 수 있다. 따라서 ㈏ 문장이 '문제 제기'를 한 것으로 볼 수 있다. ㈎는 ㈏에서 언급한 바를 더욱 발전시키며 논점을 전개해 나가고 있으며, ㈑에서 는 논점을 '잘못된 환경문제의 해결 주체'라는 쪽으로 전환하여 결론을 위한 토대를 구성하며, ㈐에서 필자 의 주장을 간결하게 매듭짓고 있다.

20. ④

'참여'는 '어떤 일에 끼어들어 관계함', '참석'은 '모임이나 회의 따위의 자리에 참여함', '참가'는 '모임이나 단체 또는 일에 관계하여 들어감'의 뜻을 지닌다. 이를 보면 각각 그 의미의 초점의 다르다는 것을 알 수 있는데, '참여'는 '어떤 일에 관계하다'의 의미로서 쓰여 그 일의 진행 과정에 개입해 있는 경우를 드러내는 데에 쓰이는 것인데 반해서, '참석'은 모임이나 회의에 출석하는 것의 의미를 지니는 경우에 사용되며, '참가'는 단순한 출석의 의미가 아니라 '참여'의 단계로 들어가는 과정을 나타내는 것으로 이해하여 볼 수 있다.

'참견'은 '자기와 별로 관계없는 일이나 말 따위에 끼어들어 쓸데없이 아는 체하거나 이래라저래라 함'을 의미하며, '참관'은 '어떤 자리에 직접 나아가서 봄'의 의미이다.

21. ③

원래의 정가를 a라 하면 정가에서 20%를 할인하는 것은 $(1-0.2)a$이다. 마찬가지로 원래의 원가를 b라 하면 원가의 20% 만큼 이득을 보기 위해서는 $(1+0.2)b$가 정가가 되어야 한다. 위 정보로 방정식을 만들면 다음과 같다.

$(1-0.2)a=(1+0.2)b$

$0.8a=1.2b$ 이므로 원가의 50%만큼 덧붙여 정가를 책정해야 한다.

22. ②

통합된 경제는 통합 이전의 A국과 비교할 때 노동력은 상대적으로 풍부한 반면에 자본은 상대적으로 부족하다. 따라서 통합된 경제의 임금은 통합 이전의 A국보다 낮고, 이자율은 통합 이전의 A국보다 높아질 것으로 판단하는 것이 합리적이다.

23. ④

가. $3,937 \rightarrow 4,139 \rightarrow 4,173 \rightarrow 4,234 \rightarrow 4,401$건으로 지속적으로 증가하였다.

나. $(335+344+283+281+339) \div 5 = 316.4$건이다.

다. 서울은 $1,412 \div 203 = $약 6.96건이며, 경기는 $2,447 \div 339 = $약 7.22건으로 경기가 더 많다.

라. 연도별 비율은 각각 $547 \div 3,937 \times 100 = $약 13.9%, $561 \div 4,139 \times 100 = $약 13.6%, $503 \div 4,173 \times 100 = $약 12.1%, $511 \div 4,234 \times 100 = $약 12.1%, $542 \div 4,401 \times 100 = $약 12.3%로 모두 $12.1 \sim 13.9\%$ 이내이므로 비율의 차이는 2%p 이내이다.

24. ②

가로축이 연도, 세로축이 발생건수를 나타내는 막대그래프가 가장 적절하다. 연도별 총 교통사고 발생건수와 버스종류별 비교가 한눈에 가능하며 연도가 많거나 버스 종류가 늘어날 경우 막대그래프에 추세선을 추가하여 추이를 알아볼 수도 있다.

25. ④

저축액의 2021년 증감률이 1.3%이므로 이를 통해 2021년의 저축액을 x라 할 때 다음과 같이 2021년의 저축액을 구할 수 있다. $(x-7,186) \div 7,186 \times 100 = 1.3$

이를 풀면 x는 7,279만 원이 되며 따라서 ㉠은 $7,279+2,501=9,780$이 된다.

㉡은 $(2,501-2,453) \div 2,453 \times 100 = $약 2.0%가 된다.

26. ②

'소득=총수입-경영비'이므로 2021년의 경영비는 974,553-541,450=433,103원이 된다. 또한, '소득률=(소득÷총수입)×100'이므로 2020년의 소득률은 429,546÷856,165×100=약 50.2%가 된다.

27. ③

영화는 1시 5분에 시작하였고, 상영시간이 2시간 25분이므로 영화 종료시간은 3시 30분이다. 3시에서 30분이 지났으므로 시침은 3시와 4시 사이에 있게 된다. 따라서 시침과 분침의 각도는 90도가 아닌 75도이다.

28. ②

지난 주 A 생산량을 x라 하면, 이번 주 생산량을 방정식으로 나타낼 수 있다.
$0.9x+1.1(10,000-x)=10,300$
여기서 x는 3,500이므로 이번 주 A 생산량은 3,500×0.9=3,150개이다.

29. ②

② 전체 인구수는 전년보다 동일하거나 감소하지 않고 매년 꾸준히 증가한 것을 알 수 있다.
① 65세 미만 인구수 역시 매년 꾸준히 증가하였다.
③ 2018년과 2019년에는 전년보다 감소하였다.
④ 2018년 이후부터는 5% 미만 수준을 계속 유지하고 있다.

30. ③

③ 기업별 방문객의 수만 제시되어 있는 자료이므로 매출액과 관련된 자료를 알 수 있는 방법은 없다.
① 하단에 전체 합계와 주어진 기업별 방문객 수의 합이 일치하므로 전체 방문객 방문 현황을 알 수 있다.
② 전체 방문객을 기업의 수로 나누어 평균 방문객 수를 알 수 있다.
④ 전체 방문객이 가장 많은 기업을 확인하여 매년 동일한지 또는 어느 해에 어떻게 달라졌는지 등을 확인할 수 있다.

31. ④

박 대리의 지난주와 이번 주의 소비 지출액은 각각 2만 × 7+3만 × 3+2만 × 6=35만 원과 3만 × 5+2만 × 4+3만 × 4=35만 원으로 같다.

㈎ 만일 지난주에 이번 주와 같은 소비(외식 5회, 책 4회, 의류 구입 4회)를 선택하였다면 2만 × 5+3만 × 4+2만 × 4=30만 원이 들게 되므로 책정한 돈은 충분하다. (X)

㈏ 반대로 이번 주에 지난주와 같은 소비(외식 7회, 책 3회, 의류 구입 6회)를 선택하였다면 3만 × 7+2만 × 3+3만 × 6=45만 원으로 돈이 부족하게 된다. (O)

㈐㈑ 지난주에 이번 주와 같은 소비를 하였다면, 35만 원 중 5만 원이 남아 다른 소비가 가능해지는데, 그러지 않은 이유는 지난주 소비(외식 7회, 책 3회, 의류 구입 6회)를 통해 얻은 만족도가 이번 주 소비를 통해 얻은 만족도보다 높거나 같기 때문이라는 추론이 가능하다. 반면, 이번 주에 지난주처럼 소비하지 못한 것은 재화의 가격 변화로 책정한 돈이 부족해져 구매를 포기했다고 추론할 수 있다. 따라서 박 대리는 지난주에 비해 이번 주에 만족도가 떨어졌다는 것이라는 추론이 가능하다.

32. ②

• **A프로젝트** : 200만 원 투자, 수익률 9%로 1년 후 18만 원의 수익이 발생한다.

• **B프로젝트** : 400만 원 투자(그 중 200만 원은 연리 5%로 대출받음. 따라서 10만 원의 비용이 발생한다.)

따라서 B프로젝트를 선택하려면, 적어도 28만 원보다 많은 수익이 발생하여야 한다. 400만 원 중 수익이 28만 원보다 많으려면, 수익률이 적어도 7%보다 높아야 하며 따라서 7.1%가 연간 예상 수익률의 최저 수준이 됨을 알 수 있다.

33. ②

재작년과 작년에 적립된 마일리지를 구하면 다음과 같다.

재작년 : 45 × 12=540, 540 × 40=21,600

작년 : 65 × 12=780, 780 × 50=39,000

총 60,600마일리지

② 올해의 카드 결제 금액이 월 평균 60만 원이라면, 60 × 12=720, 720 × 50=36,000이 되어 총 96,600마일리지가 되므로 120,000마일리지가 필요한 광주 일등석을 이용할 수 없다. (O)

① 80 × 12=960, 960 × 70=67,200마일리지이므로 총 127,800마일리지로 제주 일등석을 이용할 수 없다. (X)

③ 60,600마일리지가 되므로 울산 일반석을 이용할 수 없다. (X)

④ 70 × 12=840, 840 × 70=58,800마일리지이므로 총 119,400마일리지로 제주 프레스티지석 이용이 가능하다. (X)

34. ③

출발시각을 한국 시간으로 먼저 바꾼 다음 소요시간을 더해서 도착 시간을 확인해 보면 다음과 같다.

구분	출발시각(현지시간)	출발시각(한국시간)	소요시간	도착시간
H상무	12월 12일 17:20	12월 13일 01:20	13시간	12월 13일 14:20
P전무	12월 12일 08:30	12월 12일 22:30	14시간	12월 13일 12:30
E전무	12월 12일 09:15	12월 13일 01:15	11시간	12월 13일 12:15
M이사	12월 12일 22:30	12월 13일 04:30	9시간	12월 13일 13:30

따라서 도착 시간이 빠른 순서는 E전무 – P전무 – M이사 – H상무가 된다.

35. ④

물류비를 10% 절감하면 40억 원, 경상이익은 140억이 된다. 그러므로 매출액은 2,800억 원이 되므로 40%가 증가한다고 볼 수 있다.

36. ②

그린석(외야)에 무료입장할 수 있는 대상은 어린이 회원이다. 7세 이하 미취학 아동은 보호자 동반 시 무료입장이 가능하나, 좌석은 제공되지 않는다고 언급되어 있다.
① 익일 취소 시 수수료가 발생하며, 예매일과 취소일이 같을 경우 수수료가 청구되지 않는다고 규정되어 있다.
③ 금, 토, 일, 월요일 4일간 주말 요금이 적용된다.
④ 주중 성인회원 레드석 입장료는 8,000원이나, K팀 L카드 3,000원 할인이 적용되어 5,000원이 되며 할인은 결제 시에 반영되어 적게 지불하게 된다.

37. ④

금요일이므로 주말 가격이 적용되며, 블루석 기준 각 인원의 입장료를 지불 방법에 따라 구분하여 정리하면 다음과 같다.

〈K팀 L카드로 결제〉
김 과장 : 13,000 − 3,000 = 10,000원
아내 : 15,000 − 3,000 = 12,000원
노부 : 15,000 − 3,000 = 12,000원(경로우대자이나, 외야석이 아니므로 할인 대상에서 제외됨)
큰 아들 : 15,000 − 3,000 = 12,000원
작은 아들 : 7,500 − 3,000 = 4,500원
총 : 50,500원

〈S카드로 결제〉

작은 아들 친구 2명 : 7,500 × 2＝15,000원(청구 시에 할인 반영되므로, 결제 시에는 할인 없이 1인당 7,500원을 결제하게 된다.)

따라서 7명의 총 입장료는 50,500원＋15,000원＝65,500원이 된다.

38. ④

수익이 가장 크기 위해서는 분기별 소비자 선호 품목에 대한 홍보를 진행해야 한다. 4분기 선호 품목은 P 제품과 R 제품으로 이 제품들의 수익률에 변동이 발생한다. 해당 내용을 반영한 수익체계표를 만들어 보면 다음과 같다.

		B회사		
		P제품	Q제품	R제품
A회사	P 제품	(7.5, −0.5)	(4.5, −1)	(−3, 4.5)
	Q 제품	(−1, 4.5)	(−3, 2)	(3, 3)
	R 제품	(−1, 9)	(6, −1)	(−0.5, −1)

따라서 4분기에는 R＋P제품 조합의 경우 −1＋9＝8억 원이 되어 두 회사의 수익의 합이 가장 큰 조합이 된다.

39. ④

2분기의 수익체계표를 만들어 1분기와 비교하면 다음과 같다.

〈1분기, Q제품 홍보〉

		B회사		
		P제품	Q제품	R제품
A회사	P 제품	(5, −1)	(3, −0.5)	(−6, 3)
	Q 제품	(−0.5, 3)	(−1.5, 3)	(4.5, 2)
	R 제품	(−2, 6)	(4, −0.5)	(−1, −2)

〈2분기, P제품 홍보〉

		B회사		
		P제품	Q제품	R제품
A회사	P 제품	(7.5, −0.5)	(4.5, −1)	(−3, 3)
	Q 제품	(−1, 4.5)	(−3, 2)	(3, 2)
	R 제품	(−2, 9)	(4, −1)	(−1, −2)

④ B회사가 1분기 Q제품을 판매할 경우의 수익액은 $-0.5+3-0.5=2$억 원인 반면, 2분기에 Q제품을 판매할 경우의 수익액은 $-1+2-1=0$억 원으로 1분기에 Q제품을 판매하는 것이 2분기에 Q제품을 판매하는 것보다 더 유리하다.

① A회사는 R제품을 판매할 때의 수익액에 변동이 없다.($-2+4-1 \rightarrow -2+4-1$)

② 1분기에는 Q+R조합이, 2분기에는 P+P 또는 R+P조합의 수익이 가장 크다.

③ 양사에서 모두 R제품을 판매할 경우 1분기와 2분기 동일하게 총 -3억 원의 손실이 발생하는 수익구조를 보인다.

40. ③

재고수량에 따라 완성품을 A 부품으로는 100/2=50개, B 부품으로는 300/3=100개, C 부품으로는 2,000/20=100개, D 부품으로는 150/1=150개 까지 만들 수 있다. 완성품은 A, B, C, D가 모두 조립되어야 하므로 50개만 만들 수 있다. 완성품 1개당 소요 비용은 완성품 1개당 소요량과 단가의 곱으로 구하면 되므로 A 부품 $2 \times 50 = 100$원, B 부품 $3 \times 100 = 300$원, C 부품 $20 \times 10 = 200$원, D 부품 $1 \times 400 = 400$원이다. 이를 모두 합하면 $100+300+200+400=1,000$원이 된다.

당신의 꿈은 뭔가요?

MY BUCKET LIST !

꿈은 목표를 향해 가는 길에 필요한 휴식과 같아요.

여기에 당신의 소중한 위시리스트를 적어보세요. 하나하나 적다보면 어느새 기분도

좋아지고 다시 달리는 힘을 얻게 될 거예요.

- [ ] _____
- [ ] _____
- [ ] _____
- [ ] _____
- [ ] _____
- [ ] _____
- [ ] _____
- [ ] _____
- [ ] _____
- [ ] _____
- [ ] _____
- [ ] _____
- [ ] _____
- [ ] _____
- [ ] _____
- [ ] _____
- [ ] _____
- [ ] _____
- [ ] _____
- [ ] _____
- [ ] _____
- [ ] _____
- [ ] _____
- [ ] _____
- [ ] _____
- [ ] _____
- [ ] _____
- [ ] _____

- [ ] _____
- [ ] _____
- [ ] _____
- [ ] _____
- [ ] _____
- [ ] _____
- [ ] _____
- [ ] _____
- [ ] _____
- [ ] _____
- [ ] _____
- [ ] _____
- [ ] _____
- [ ] _____
- [ ] _____
- [ ] _____
- [ ] _____
- [ ] _____
- [ ] _____
- [ ] _____
- [ ] _____
- [ ] _____
- [ ] _____
- [ ] _____
- [ ] _____
- [ ] _____
- [ ] _____
- [ ] _____

창의적인 사람이 되기 위해서

정보가 넘치는 요즘, 모두들 창의적인 사람을 찾죠.
정보의 더미에서 평범한 것을 비범하게 만드는 마법의 손이 필요합니다.
어떻게 해야 마법의 손과 같은 '창의성'을 가질 수 있을까요. 여러분께만 알려 드릴게요!

01. 생각나는 모든 것을 적어 보세요.

아이디어는 단번에 솟아나는 것이 아니죠. 원하는 것이나, 새로 알게 된 레시피나, 뭐든 좋아요.
떠오르는 생각을 모두 적어 보세요.

02. '잘하고 싶어!'가 아니라 '잘하고 있다!'라고 생각하세요.

누구나 자신을 다그치곤 합니다. 잘해야 해. 잘하고 싶어.
그럴 때는 고개를 세 번 젓고 나서 외치세요. '나, 잘하고 있다!'

03. 새로운 것을 시도해 보세요.

신선한 아이디어는 새로운 곳에서 떠오르죠. 처음 가는 장소, 다양한 장르에 음악, 나와 다른 분야의 사람.
익숙하지 않은 신선한 것들을 찾아서 탐험해 보세요.

04. 남들에게 보여 주세요.

독특한 아이디어라도 혼자 가지고 있다면 키워 내기 어렵죠.
최대한 많은 사람들과 함께 정보를 나누며 아이디어를 발전시키세요.

05. 잠시만 쉬세요.

생각을 계속 하다보면 한쪽으로 치우치기 쉬워요. 25분 생각했다면 5분은 쉬어 주세요.
휴식도 창의성을 키워 주는 중요한 요소랍니다.